Giulia Catana

DIE KUNST DES UMDENKENS

Wie du kraft deiner Gedanken
dich und deine Familie glücklich machst

IMPRESSUM

1. Auflage 2023

Die im Buch vorgestellten Übungen und erteilten Ratschläge stellen
keinen Ersatz für eine fachgerechte medizinische Behandlung bei
gesundheitlichen Beschwerden dar. Bei ernsthaften Beschwerden
muss immer der entsprechende Arzt aufgesucht werden.

Text: Giulia Catana
Cover & Grafik: Anke Rega
Satz: Nina Schmidt
Lektorat: Nathalie Spiegelfeld

Website: www.happyandfamily.com
E-Mail: info@happyandfamily.com

Für Emmanuel, Raphael und Till

Ihr zeigt mir jeden Tag, was es heißt,
eine glückliche Familie zu sein.

DIE AUTORIN

Giulia Catana ist Herzblut-Mama von zwei Jungs und war viele Jahre Vollzeit als Juristin und Personalleiterin in internationalen Konzernen tätig. Als Frau, Personalleiterin, Führungskraft und Mama ist es ihr ein Anliegen, Müttern zu zeigen, wie sich Beruf und Familie ergänzen und Kinder von einer rundum zufriedenen Mama profitieren. Sie hat Strategien entwickelt, um schnell Energie zu tanken, bessere Nerven, mehr Gelassenheit und Ausgeglichenheit zu gewinnen.

Beruflich und privat hat sie sich mit gewaltfreier Kommunikation, emotionaler Intelligenz, dem inneren Kind und den Auswirkungen der Erziehungsstile der vorherigen Generationen beschäftigt. Sie hat erkannt, wie wichtig eine liebevolle, achtsame Erziehung für eine lebenslange seelische Gesundheit ist. In ihren Kursen und Büchern hilft sie Müttern, sich vom ewigen Gedankenkarussell, Perfektionismus und schlechtem Gewissen zu befreien. Erst dann fällt die liebevolle Begleitung der nächsten Generation auch im stressigen Alltag leicht. Sie sagt: „Geht es mir seelisch und mental gut, geht es der ganzen Familie gut. Wir Mütter dürfen verlernen, uns erst für alle aufopfern zu wollen und zu warten, bis alle anderen dran waren."

Aus eigener Erfahrung im Meistern persönlicher Krisen weiß sie, dass Dankbarkeit und positives (Um-)Denken Schlüssel für ein gesundes und glückliches Leben sind. Anhand alltäglicher Lebenssituationen beschreibt sie in diesem Buch, wie die Kunst des Umdenkens in Beruf, Partnerschaft und Erziehung gelingt. Mit leicht umsetzbaren Übungen lernst du, gedanklichen Ballast abzuwerfen und deinen Kindern erst gar keinen mitzugeben. Damit sie frei von inneren Kritikern, Perfektionismus oder Selbstzweifeln ins Leben starten.

Die Autorin steht für Lesungen, Vorträge und Workshops gerne zur Verfügung.

Bleibe auf dem Laufenden!

Vernetze dich mit mir und werde Teil der Community auf Instagram @happyandfamily und auf Facebook @happyandfamily.

Signierte Buchbestellung mit persönlicher Widmung

Du möchtest gerne ein signiertes Buch oder gleich mehrere Bücher – für dich oder eine besondere Mama-Freundin, um ihr das Leben zu erleichtern? Vielleicht sogar als Geschenk mit einer besonderen Widmung? Von Herzen gerne.

Schreib mir eine Mail an info@happyandfamily.com.

Oder bestelle dein Buch auf meiner Website www.happyandfamily.com/buch.

Mein Bonus für dich: „Das 5-Minuten Tagebuch für mehr Energie und Leichtigkeit im Mama Alltag"

Mein wunderschön illustriertes Tagebuch und Workbook ist eine super Ergänzung zu diesem Buch. Es bietet dir viele wundervolle Übungen, Impulse, Ideen für mehr Energie und Leichtigkeit im Mama Alltag. Und weil ich Geschenke liebe, bekommst du das 5-Minuten Tagebuch in einer PDF-Ausgabe als Bonus von mir.

Lade es dir unter folgendem Link kostenfrei herunter:
www.happyandfamily.com/download-zum-buch

Oder verwende folgenden QR-Code,
um auf die Downloadseite zu gelangen:

Ein Einblick ins Tagebuch:

Das Tagebuch ist auch als wunderschöne Printausgabe (Hardcover oder Taschenbuch) über meine Website https://www.happyandfamily.com/mama-tagebuch erhältlich.

INHALT

EINLADUNG

Liebe Leserin,

mein Name ist Giulia und ich bin nicht nur Mama von zwei wundervollen Jungs, Rechtsanwältin und Juristin für Arbeitsrecht, sondern war auch viele Jahre als Personalleiterin in internationalen Großkonzernen tätig. Die letzten acht Jahre war ich in Vollzeit tätig und habe einen Mann, der ebenfalls beruflich voll eingespannt ist. Zum Thema Vereinbarkeit von Familie und Beruf kann ich dir also aus allen Blickwinkeln berichten und kenne zudem die Welt der Arbeitgeber.

Von jeher habe ich mich mit der Situation von Müttern und ihren Kindern sowie der Psychologie beschäftigt. Als ich selbst Mama wurde damit, welchen Einfluss die Erziehung auf die (spätere) seelische Gesundheit hat. Daher entwickelte ich Strategien, um neben den Anforderungen im Beruf meinen Söhnen so viel Bindung, Urvertrauen und Liebe wie möglich zu geben. Das gelang mir sehr gut. Allerdings hatte ich auf mein eigenes inneres Kind zu wenig Acht gegeben. Erst als ich einen Zusammenbruch erlitt, stellte ich fest, welchen Ballast ich als Scheidungskind all die Jahre mit mir herumgetragen hatte. Und man muss kein Scheidungskind sein, um unbewussten Ballast im Gepäck zu haben. Wir alle kennen sie, die Sätze im Kopf wie „Stell dich nicht so an!“, „Was denken denn die anderen?“, „Was glaubst du, wer du bist?“, „Das kannst du doch nicht machen!“, „Das macht man nicht!“, „Das darfst du nicht!“ oder „Wenn es nicht anstrengend war, kann es nichts Besonderes sein, du musst dich noch mehr anstrengen!“. Um nur einige zu nennen. Man muss keine „unglückliche Kindheit“ gehabt haben oder einschneidende Ereignisse erlebt haben, um solche oder andere Sätze verinnerlicht zu haben. WIR ALLE – egal ob glückliche Ehe der eigenen Eltern oder nicht – haben solche Gedanken!

Es gelang mir wie durch ein Wunder, mich innerhalb kürzester Zeit davon zu befreien und wieder gesund zu werden. Ich stellte fest, dass meine Strategie auch in allen anderen Lebensbereichen wirkte. Der Wunsch, meine Erkenntnisse über den Zusammenhang von Erziehung, seelischer Gesundheit im Erwachsenenalter und den weitverbreiteten Glaubenssätzen vieler Mütter mit anderen zu teilen, wurde immer größer. Ich wollte unbedingt mein Wissen teilen, wie ich allein kraft meiner Gedanken mein Leben veränderte und wie auch du deines verändern kannst. Niemand muss erst im Burnout landen, um zu lernen, wie der Mama-Alltag auf „Glückskurs“ gelangt.

In diesem Buch zeige ich dir Schritt für Schritt, wie Perfektionismus, innere Kritiker und schlechtes Gewissen der Vergangenheit angehören. Du musst dich für niemanden aufopfern oder erst warten, bis alle anderen dran waren. Das habe ich gelernt und dir gelingt das bestimmt auch. Übrigens ohne Aufwand oder besondere Anstrengung. Versprochen!

Zudem bekommst du eine Anleitung, wie es dir gelingt, deine Kinder frei von mentalem Ballast ins Leben zu begleiten. Auf dass sie ohne Selbstzweifel und Gedankenkarussell stets ihr Leben genießen, mit einem fröhlichen inneren Kind, das sie später nicht mühsam heilen müssen.

Passend zum jeweiligen Kapitel zeige ich dir in diesem Buch eine Vielzahl von praktischen und einfach nachzumachenden Übungen. Sie sind mit dem Symbol des Kompasses gekennzeichnet, damit du je nach Lebenssituation stets auf „Kurs“ bleiben kannst. Du kannst sie während des Lesens entweder der Reihe nach durchgehen oder dir nur diejenigen herauspicken, die dich sofort ansprechen. Mach es so, wie es für dich passt. Du musst nicht alle Übungen machen. Vielleicht magst du das Buch auch erstmal in einem durchlesen? Kein Problem. Am Ende des Buches findest du eine Übersicht aller Übungen. So kannst du auch nach der Lektüre des Buches die für dich gerade passende Übung nachlesen.

Noch ein Hinweis zur Sprache in diesem Buch: Ich habe mein Buch für Menschen geschrieben, die kraft ihrer Gedanken glücklich werden wollen. Ich erlaube mir daher, nicht zu gendern. Es sind stets alle gemeint, denn dem Glück ist es egal, ob wir männlich, weiblich oder divers sind.

Selbst wenn es manchmal so aussieht, als wäre kein Happy End in Sicht, lautet der Wahlspruch „Happy AND Family“. Bist du als Mama glücklich, geht es auch deiner Familie gut.

Glück ahoi!

Deine Giulia

1. KAPITEL

MEINE GESCHICHTE – ODER MEIN KINDHEITSTRAUM(A)

Der liebe Gott irrt sich nie – Oder war ich das Problem?

Fangen wir erst mal mit mir an. Ich bin als Tochter einer deutschen Mutter und eines italienischen Vaters aufgewachsen. Eine glückliche „famiglia" war mir leider verwehrt. Wobei ich das heute gar nicht mehr so beurteile. Das „leider" hat seine Kraft verloren. Denn inzwischen bin ich sogar sehr dankbar für meine Kindheit und die Familienkonstellation, die mich so viele Jahre meines Lebens sehr viel Kraft gekostet hat. Meine Kindheitserinnerungen haben überwiegend mit Streit zu tun. Meine Eltern stritten sich sehr viel, ständige Auseinandersetzungen, teilweise wurden sie auch handgreiflich. Worum es ging, weiß ich bis heute nicht so wirklich. Wahrscheinlich waren es die klassischen Reibereien zweier sehr bestimmender Persönlichkeiten. Wenn ich an die kleine dreijährige Giulia zurückdenke, ist das sehr beklemmend. Als Kind hat man keinen Abstand oder keine objektive Sicht auf diese Dinge, man ist mittendrin und weiß sich nicht zu helfen.

Es kam, wie es kommen musste, meine Eltern trennten sich. Besser gesagt, mein Vater zeugte mit einer anderen Frau ein weiteres Kind (Das wiederholte sich noch einige Male. Ich habe vier Geschwister von drei verschiedenen Müttern.) und meine Mutter hatte die Kraft, ihn rauszuschmeißen. Endlich kehrte Frieden in mein Leben ein. Das Leben war aber dennoch nicht rosig. Zwar war es still geworden und ich hatte keine Angst mehr vor den Streitigkeiten meiner Eltern. Von nun an fehlte aber Geld, Fröhlichkeit und vor allem Gesundheit. Meiner Mutter ging es gesundheitlich nicht gut. Und das sollte sich erst wieder ändern, als ich schon erwachsen war.

Aber es gab noch eine weitere Sache, die mich damals beschäftigte. Ich war schon Schulkind und war neugierig, wie das mit den Babys denn so läuft. Meine Mutter erzählte mir damals – aus der heutigen Sicht einer Mutter kann ich es teilweise nachvollziehen – Folgendes: „Wenn sich ein Mann und eine Frau sehr liebhaben, dann schickt der liebe Gott ihnen ein Baby.“ So weit, so gut – da kommen also die Babys her. Ich hatte nun aber mehr Fragezeichen als Antworten im Kopf. Denn wenn überhaupt irgendjemand NIE Unrecht hat, dann der liebe Gott. Also muss es so gewesen sein, dass meine Eltern sich sehr liebten. (Und das glaube ich tatsächlich heute mehr denn je, sie verstanden es nur nicht, wie sie es gemeinsam schaffen. Im Laufe dieses Buches werde ich auf das Thema Partnerschaft und Mindset noch näher eingehen.) Fakt ist aber, dass es mit ihrer Liebe nicht gut ausging. Na, du kannst dir nun vermutlich schon denken, auf welchen aus heutiger Sicht albernen Gedanken ich kam. Richtig! Ich dachte, ich sei das Problem! Bevor ich kam, war alles gut, sonst hätte mich der liebe Gott ja nicht geschickt. Also musste es wohl so sein, dass meine Eltern mich nicht wollten und darüber dann zu streiten anfingen. Da saß ich nun in der Patsche. Grün hinter den Ohren, mit kranker Mama und – meiner Ansicht nach – an allem schuld. Und mitten in einem zehn Jahre dauernden Rosenkrieg. Meine Eltern lieferten sich eine Schlacht durch alle Instanzen.

Als Kind ist man vollkommen hilflos, erschwerend kommt hinzu, dass man – trotz der vorherigen Streitereien und dem Wunsch nach einem ruhigen und friedlichen Zuhause – als Kind seinen Papa vermisst. Ganz egal, was er macht, ganz egal, ob er vergisst, einen am vereinbarten „Papatag“, für den man sich hübsch gemacht hat, abzuholen. Egal, ob er im eigenen blinden Groll nicht darüber nachdenkt, wie sich die finanzielle Lage der Mutter auch auf dich als Kind auswirkt. Ganz egal, welche scheußlichen Geschichten Erwachsene über ihn erzählen oder wie viele Beziehungen er noch zerstört und wie viele Kinder er in die Welt setzt. Er bleibt dein Papa. Zusätzlich zu allen Sorgen und Schuldgefühlen fühlst du dich auch noch miserabel, weil du ihn vermisst und du dich nicht traust, daran zu denken, geschweige denn darüber zu sprechen. Irgendetwas kann also mit dir nicht stimmen, ist die logische Antwort. Du musst stark sein, dein Bestes geben und keinen Anlass für zusätzliche Sorge oder Ärger geben.

Mein Kindheitstraum(a) – Die Schatten der Vergangenheit begleiten mich

Erst als ich mich näher mit dem Wunsch beschäftigte, dieses Buch zu schreiben, fiel mir wieder ein, dass ich bereits mit sechs Jahren ein Buch schreiben wollte. Ich schrieb damals sogar eine Kurzgeschichte in ein Heft. Ich wollte meine Mutter immer davon überzeugen, ihre Geschichte in einem Buch niederzuschreiben. Das war für mich in meiner kindlichen Naivität einerseits die Lösung für unsere finanziell schwierige Situation. Sie hätte als Autorin bei mir zuhause bleiben können, statt außer Haus „arbeiten" zu müssen. Meine Mutter hatte durch die Schwangerschaft mit mir – damals kannte man in Deutschland noch kein Mutterschutzgesetz – ihre Anstellung bei einem Pharmaunternehmen verloren. Nach meiner Geburt hatte sie gemeinsam mit meinem Vater ein Unternehmen gegründet und ihn unterstützt. Nach der Trennung stand sie also ohne Business und ohne Anstellung da. Der Versuch, selbst ein Business zu gründen, scheiterte leider. Es waren die 70er Jahre und die Gesellschaft nicht bereit für Unternehmerinnen, geschweige denn für Unternehmerinnen mit kleinem Kind. Andererseits wollte ich, dass sie anderen Frauen Mut macht, ihren eigenen Weg zu gehen.

Mein eigener Wunsch damals war es, Kindern in ähnlichen Situationen zu helfen. Ich wollte, dass die Sorgen und Nöte der Kinderseelen gesehen werden, dass die Kinder nicht weiter Spielbälle der zerstrittenen Eltern sind, sich nicht entscheiden müssen, bei wem sie wohnen wollen, und wen sie lieber haben. Man verlangt Kindern so viel ab, ohne sich in sie hineinzuversetzen. Also fasste ich bereits damals den Entschluss, Jura zu studieren. Ich wollte Familienrichterin werden. Dieser Wunsch schlummerte meine gesamte Schulzeit in mir.

Der Verlust meines Papas geriet in Vergessenheit. Als die Scheidung endlich „durch" war – ich war damals 15 Jahre alt – und das gemeinsame Haus auf Sardinien meiner Mutter überschrieben wurde, reisten meine Mutter und ich nach Italien zum Notartermin für die Verbriefung im Grundbuch. Ich sah meinen Vater zum ersten Mal nach einigen Jahren wieder. Ich weiß bis heute nicht, was in ihm damals vorging, aber er sagte mir, er sei froh, dass er jetzt alles für sich abschließen könne. Er brauche keine Tochter mehr. Denn nach zwei Söhnen (meinen zwei Halbbrüdern) sei seine aktuelle Freundin nun mit einem Mädchen schwanger und er würde wieder eine Tochter haben. Puh! Zum Glück konnte ich das alles aufarbeiten und meinen Frieden damit schließen. Aber sicherlich kannst du dir vorstellen, dass mich dieser Schatten viele Jahre begleitete. Wie ich ihn losgeworden bin, werde ich dir im Laufe des Buches noch verraten.

Wie ging aber mein Leben weiter? Ich beendete die Schule und um die Zeit des Abiturs herum plagte mich die Berufswahl. Ich wollte alles mögliche werden: Regisseurin, Kamerafrau (Meine Mutter war inzwischen in der Filmbranche tätig.) oder Zahntechnikerin. Ich wollte in meinem Berufsleben gern meine Sprachkenntnisse nutzen – ich war zweisprachig, italienisch-deutsch, aufgewachsen und lernte bereits an der Grundschule meine erste Fremdsprache, Französisch. Da erinnerte ich mich an den Berufswunsch als kleines Mädchen und entschied mich für das Jurastudium.

Was für ein Glück! Nicht, dass das jetzt ein besonders lustiges oder gar einfaches Studium wäre. Nein, es ist eigentlich furchtbar. Trocken, sehr viel zu lernen und die beiden Staatsexamina die reinste Qual. An elf aufeinanderfolgenden Tagen jeweils eine fünfstündige Klausur. Aber ich lernte meinen späteren Mann und den Papa meiner, unserer Kinder kennen. Also kann die Wahl des Studiums nicht falsch gewesen sein. Falsch war allerdings meine Einschätzung, ich würde Familienrichterin werden. Dazu reichte zum einen meine Examensnote nicht und zum anderen war mir relativ schnell klar, dass ich weder Richterin noch Anwältin werden wollte. Ich wollte nicht mehr streiten. Stattdessen wollte ich Lösungen finden. Vermitteln, Verständnis für die Meinung des jeweils anderen aufzeigen.

Mein Anker in Sardinien – Wie ich Halt in mir selber fand

Die Liebe zu Italien, dem Land meiner Väter – für mich ein ganz besonderes Wortspiel – hat mich nie verlassen. Ich brauche Italien wie eine jährliche Dosis Vitamin D in meinem Leben. Dort fülle ich meine Batterien für schwierige Zeiten wieder auf. Es ist wie eine leere Hälfte in mir, die ständig unterversorgt ist. Damals, nach der Trennung meiner Eltern, blieb ich mit meiner Mutter in Deutschland. Mir fehlte nicht nur der Vater, sondern auch das Land und die Sprache. Bis zur Trennung waren meine Eltern ständig auf Achse, entweder waren wir auf dem Weg nach Italien oder wieder zurück. Wir blieben nie länger an einem Ort. Nur im Sommer, also von Mai bis Oktober, waren wir immer auf Sardinien. Das dortige Haus meiner Eltern, allerdings auch der ständige Zankapfel, war für mich der Inbegriff des Paradieses. Auch wenn ich dort unschöne Urlaube erlebte, zum Beispiel mit der „neuen Familie“ meines Vaters, meinem kleinen Bruder und der damaligen Freundin meines Vaters, mit der die Streitigkeiten noch eine ganz andere Dimension annahmen als damals bei uns zuhause. Ich schnappte mir als Siebenjährige meinen einjährigen Bruder und wollte ihn davor beschützen, das Gleiche wie ich durchzumachen. Konnte ich ihn retten? Natürlich nicht. Auch diese Beziehung ging nach ein paar Jahren Streit in die Brüche und soviel ich weiß, ist auch dieses Verhältnis heute kein gutes.

Zurück zum Haus auf Sardinien, denn du wirst von ihm noch einige Male hören. Wann immer ich mir einen Ort der Ruhe für meinen inneren Rückzug aussuche, ist es die Terrasse dieses Hauses. Während ich das hier schreibe, wird mir bewusst: Es liegt immer im Auge des Betrachters, ob er eine positive oder eine negative Assoziation mit etwas hat. Mit dem Haus hatte ich definitiv überwiegend positive Assoziationen. Schon in der Kindheit hatte ich wohl einen Pakt mit mir selber geschlossen. Den Pakt, dass dieses Haus, in dem ich als kleines Mädchen meine erstes „Buch“ geschrieben hatte, nur mit schönen Erinnerungen abgespeichert wird. Mit Freude, Sonne, Meer und dem Gefühl der Freiheit und Unbeschwertheit. Schon immer war es mein Traum, eines Tages mit meinen eigenen Kindern dort Urlaub zu machen.

Und tatsächlich lernten mein damaliger Freund, mein heutiger Mann, und ich dort noch für das Examen. Ein paar Jahre später machten wir dort mit unseren zwei süßen Buben ein letztes Mal Urlaub, bevor meine Mutter – inzwischen zum zweiten Mal verheiratet – entschied, das Haus zu verkaufen, das für sie mit so viel Kampf und schlechten Erinnerungen verbunden war. Ich kann sie gut verstehen. Und obwohl das Haus immer noch einen wichtigen Platz in meinem Herzen hat, bin ich dankbar für die Erfahrung, es verloren zu haben. Solange man glaubt, einen Anker zu haben, fühlt man sich sicher. Ist er weg, fürchtet man haltlos zu werden. Das passiert aber nur, wenn man keinen Halt in sich selber hat. Inzwischen freuen wir uns alle vier, Urlaub in Hotels zu machen, andere Regionen Italiens kennen und lieben zu lernen. Das Haus brauche ich nicht, um mit meiner Familie glückliche Urlaube zu verbringen. Eine von vielen spannenden Erkenntnissen.

Im Hamsterrad der Glaubenssätze – Warum ich lernte, meine Gedanken zu überprüfen

Nach dem Studium suchte ich mir eine Anstellung, denn es war mir wichtig, abgesichert zu sein, in eine Rente einzuzahlen und als Frau finanziell unabhängig zu sein. Ich entscheid mich für das Thema Arbeitsrecht und entwickelte im Beruf einen gewissen Ehrgeiz, Karriere zu machen. Glücklicherweise gelang mir das auch und ich wurde Personalleiterin, noch bevor die Kinder kamen. Ich arbeitete gern, konnte dort etwas bewirken, fand

Bestätigung und Anerkennung (auch finanzielle) und so war es für uns als Eltern klar, dass ich relativ schnell in den Beruf zurückkehren würde. Mein Mann und ich arbeiten heute beide erfolgreich in Spitzenpositionen. Ich weiß, dass das viele seltsam finden und ich höre häufig Worte wie: „Das ist doch nicht nötig, dein Mann verdient doch genug." Darum geht es mir im Berufsleben aber nicht. Ich arbeite gern und die Freude im Beruf gibt mir auch Energie für meine Familie.

Ich begann, mich als Personalleiterin hobbymäßig mit Psychologie zu beschäftigen, schließlich ist man Chefpsychologe und hat mit den unterschiedlichsten Charakteren zu tun. Als Mutter beschäftigte mich das Thema „liebevolles Begleiten", wie kann ich meinen Kindern die Liebe zeigen und sie diese spüren lassen. Wie kann ich meinen eigenen Stress als Working Mom und meine Erkenntnisse aus der eigenen Vergangenheit zum Besten nutzen und meinen geliebten Kindern die Mama sein, die ich gern sein möchte. Ihnen Wurzeln geben und Flügel verleihen, die sie ein Leben lang tragen.

Ungefähr zu dieser Zeit beschäftigte mich und meine Freundinnen ein Phänomen. Egal, mit wem wir uns unterhielten, kamen Sätze wie „Das hätte original von meiner Mutter kommen können." oder „Das hat mein Vater kürzlich auch zu mir gesagt.". Wir konnten die Ansichten unserer Eltern und den Umgang mit manchen Themen nicht nachvollziehen. Offenbar waren sie sich aber unabgesprochen einig. Ich suchte nach der Verbindung, was hatten meine Eltern und die meiner Freudinnen gemeinsam? Zunächst dachte ich an die Reihenfolge der Geburt. Aber es waren auch Einzelkinder dabei. Dann dachte ich an das Scheitern der Ehe, aber es waren auch noch heute glücklich verheiratete Eltern dabei. Ich suchte nach Sternzeichen – Fehlanzeige, dachte an die Anzahl der eigenen Kinder – auch Sackgasse. Ich wollte unbedingt mehr darüber erfahren, denn wir Freundinnen – alle selbst junge Mütter – stellten fest, dass uns Kindern diese Bemerkungen unserer Eltern nicht guttaten. Wir konnten sie nicht nachvollziehen. Nicht, dass ich am Ende genau das Gleiche mal zu meinen Kindern sagen würde.

Eines Tages, ich glaube, ich stand an der Kasse eines Rossmanns und kaufte Windeln, fiel mein Blick auf das Buch „Die vergessene Generation“ von Sabine Bode. Im darauffolgenden Urlaub, dem ersten in einem Hotel, rate mal wo ;-), na klar auf Sardinien, las ich es. Es ging um die sogenannten Kriegskinder. Ich hatte fast das ganze Buch über Tränen in den Augen und manchmal wollte ich kaum mehr weiterlesen, so sehr nahmen mich die Schilderungen mit. Mir wurde klar: Was wissen wir Kinder denn schon! Es ging in dem Buch auch um die Erziehung von damals. Insbesondere in Deutschland. Es bestätigte mich in meiner Meinung, dass es sich nicht wiederholen dürfe, dass Kindern Gefühle abgesprochen werden und sie nur für Leistung und Gehorsam „geliebt“ werden. Die Kindheit trägt man ein Leben lang als Rucksack mit sich. Ich beschäftigte mich nun auch damit, was das mit uns, den Kindern dieser Kriegskinder (Sabine Bodes zweites Buch heißt „Die Kriegsenkel“.) gemacht hatte, denn die Auswirkungen auf meine eigenen Kinder konnte ich im Ansatz schon beobachten. Das wollte ich auf keinen Fall wiederholen. Plötzlich entdeckte ich Muster, die ich in der Folge überall beobachtete. An der Supermarktkasse, in den vielen Bewerbungsinterviews, die ich als Personalchefin führte, in Meetings, bei Familienfeiern. Und auch bei mir selbst.

Zum Beispiel der Glaube, dass man nur für Leistung Anerkennung bekommt. Egal, wie man sich selbst dabei fühlt. Wenn es nicht mit Anstrengung verbunden ist, ist es nicht gut genug. Dass Erfolg und finanzieller Wohlstand für ein glückliches Leben stehen, egal zu welchem Preis. Dass derjenige Gehör bekommt, der am lautesten schreit. Dass es wichtiger ist, was andere über einen denken, als mit sich selbst zufrieden zu sein. Im Hamsterrad dieser Glaubenssätze ist es schwer, unseren eigenen Kindern das zu vermitteln, was wir tief in unserem Herzen eigentlich für wichtiger halten. So erkannte ich für mich: Was können meine Kinder dafür, dass mein Alltag stressig ist. Überwiegend, weil ich all das oben Gesagte ungefragt glaubte. Wohin mich das führte, erzähle ich dir gleich.

Mir war klar, das Thema Stress ist meine Baustelle, und es ist meine Verantwortung den Kindern gegenüber, neue Wege zu finden. Am schnellsten, indem ich meine Gedanken dazu überprüfe. So lernte ich viel über Achtsamkeit, emotionale Intelligenz und Bindung. Ich übe mich seither darin, innezuhalten und meine eigenen Gedanken mit einer Sirene auszustatten. Meine Gedanken zu lesen und, sobald sie mir nicht guttun, umzudenken. Ist das immer leicht? Nein. Aber Übung macht den Meister. Die große Verantwortung lässt mich nicht müde werden, stets an mir zu arbeiten. Alle profitieren davon, vor allem ich selbst.

Ich lade dich ein, über die Kindheit deiner eigenen Eltern, das zeitliche Umfeld und die Auswirkungen auf uns alle, so auch auf deine Kindheit nachzudenken. Mit Wohlwollen und Empathie. Ich wünsche mir, dass meine Kinder auch mal so auf mich zurückblicken werden. Mir selbst hat es sehr geholfen, unsere Gesellschaft im Allgemeinen und meine Eltern im Besonderen aus einem neuen Blickwinkel zu betrachten.

Meine Vision ist es, dass die Kinder später Erwachsene werden, die nicht von Neid, Gier, Missgunst, Macht und Leistungswillen geleitet werden, sondern seelisch gesunde, entspannte Persönlichkeiten sind. Die Kinder von heute sind die Erwachsenen von morgen. Wenn wir wollen, dass sich in der Welt von morgen etwas ändert, sind wir selbst der entscheidende Unterschied.

In den folgenden Kapiteln werde ich dir – neben dem weiteren Verlauf meiner eigenen Geschichte – zahlreiche Übungen vorstellen. Ich lade dich ein, aus meinen Erfahrungen zu lernen und die Abkürzung für dich zu nehmen. Ich zeige dir, wie du die Puzzleteile aus deinem Lebensrucksack zu deinen persönlichen Erkenntnissen zusammensetzen kannst. Es erwartet dich ein Quantensprung, ohne dass es wehtut oder besonders schwierig und aufwändig ist. Mein Ziel ist es, dir damit die Tools an die Hand zu geben, wie du für dich das Leben leichter und einfacher gestalten kannst und quasi im Parallellauf auch etwas Gutes für deine Kinder tust, damit sich diese Glaubenssätze, dieser Leistungsgedanke und all der andere Kram nicht an die nächste Generation vererbt.

Auf einen Blick

Egal, was wir als Kinder erlebt haben, es hat keinen Einfluss auf unser Heute. Wir wissen oft nicht, was unsere Eltern erlebt haben und wie sie sich als Kinder gefühlt haben. Wir sind nicht verantwortlich für das Handeln unserer Eltern, wohl aber für das als Eltern unserer Kinder. Zu ihrem Wohle macht es Sinn, die eigenen Erinnerungen neu und positiv zu beleuchten. Selbst Anker, die wir einst aus Sicherheitsgründen setzten, können ganz ohne negative Auswirkungen fortgespült werden.

2. KAPITEL

DER KNALL – EINMAL BURNOUT UND ZURÜCK

„Happy and Family" – Wie mich mein Blog mit meiner Familie zusammenbrachte

Da ich für mich den Entschluss gefasst hatte, dass mein Stress sich nicht auf meine Kinder auswirken dürfe, lernte ich alles, um Stress zu minimieren beziehungsweise ihn zu vermeiden. So beschäftigte ich mich mit verschiedensten Techniken. Ich lernte autogenes Training, Mudras (Finger Yoga) und Jin Shin Jyutsu (Handauflegen). Ich besuchte einen abendlichen Meditationskurs, in dem ich alle Arten der Meditation kennenlernte. Stille, laute. Ruhige, bewegte. So drehte ich mich mal eine Stunde im Kreis, oder saß eine Stunde still und regungslos. Eine Stunde brüllten wir uns in unverständlichen Lauten an, mal grüßten wir uns wortlos als göttliche Wesen. Ich lernte meine Gedanken zu beobachten, sie anzuhalten und Stille im Gehirn zu erzeugen. Konzentration auf mein Inneres. Und ich lernte den Satz: „Ich bin nicht meine Gedanken." Ich las unzählige Achtsamkeitsbücher und erkannte, dass gerade der Alltag mit Kindern ein wunderbares Übungsobjekt ist, seine Achtsamkeit täglich zu schulen. Ich beschäftigte mich auch mit der natürlichen Widerstandkraft, der Resilienz. Wie Erwachsene und Kinder diese erreichen können. Natürlich las ich in dem Zusammenhang auch viele Erziehungsratgeber, über gewaltfreie Kommunikation, emotionale Intelligenz und bindungsorientierte Elternschaft. Das Konzept hatte ich sofort verstanden, aber ich begriff nicht, warum denn niemand erklärt, WIE sich die Theorie auch in stressigen Situationen berufstätiger Mütter umsetzen lässt? Wenn man selbst keine Kraft und Nerven mehr hat, ist es schwer, die liebevolle Kommunikation aufrechtzuerhalten und nicht doch mal laut zu werden.

Ich sprach bald mit meinen Freundinnen über nichts anderes mehr und sie hörten mir gerne zu. Wie schon damals als kleines Mädchen hörte ich die Stimme wieder in mir, die sprach: „Du musst darüber schreiben, Giulia! Du musst anderen Eltern die Möglichkeit geben, sich auch anzueignen, was du weißt." Viele Jahre dauerte es, bis ich tatsächlich den Mut hatte und mir auch die technischen Kenntnisse angeeignet hatte, einen eigenen Blog zu gründen. Der Name war mir sofort klar und die Domain zum Glück auch noch frei: happyandfamily.com. So gelingt ein für alle glückliches Familienleben.

Neben Familie und Vollzeitjob als Personalleiterin begann ich also über mein Herzensthema zu schreiben. Ich teilte meine Tipps für Achtsamkeitsübungen für Groß und Klein, schrieb über den Umgang mit Stress, Resilienz, emotionaler Intelligenz und wie berufstätige Mütter auch im Beruf achtsam mit sich umgehen trotz anstrengender Chefs und Kollegen. Der Freundeskreis rieb sich irritiert die Augen, jetzt bloggt sie auch noch! Niemand konnte sich vorstellen, wie ich das auch noch schaffen konnte. Dass ich mit Kindern Karriere machte, fanden die meisten schon sehr merkwürdig, aber jetzt auch noch bloggen, das brauchte doch niemand, wozu sollte das gut sein? Aber um es mit den Worten meines Juniors zu beschreiben: „Das macht die Mama doch glücklich!"

Eines Tages bekam ich von meinem Firmenchef die Einladung, als eine von wenigen Frauen an einem ganz besonderen Training teilzunehmen. Es ging um authentisches Leadership. Aus Amerika wurde ein renommierter Coach eingeflogen. Ich saß direkt neben meinem Chef, als wir zu Beginn des zweitägigen Workshops eine geführte Fantasiereise machten. Die Reise führte uns zu unseren innersten Werten. Es waren drei Situationen, die wir uns vorstellen sollten. Wir hatten im Anschluss jeweils fünf Minuten Zeit, das „Erlebte" zu notieren. Im Saal nahezu nur (ältere) Männer. Während ich schrieb, liefen mir immer wieder die Tränen über das Gesicht und ich traute mich nicht aufzublicken. Es berührte mich zutiefst, was ich „sah". Was ich nicht ahnte, war, dass die anschließende Runde dazu diente, dem Nachbarn die Zusammenfassung der eigenen Reise vorzulesen. Meinem Chef. Mir sackte das Herz in die Hose. Er fing an. Zu meinem Glück. Seine Vision von Leadership fasste er sinngemäß wie folgt zusammen: einen guten Job zu machen, gute Ergebnisse abzuliefern, um die Firma noch erfolgreicher zu machen. Ich schämte mich meiner verrutschten Mascara nicht, denn meine Vision berührte mich: „Ich möchte Frauen ein Beispiel sein, alles im Leben erreichen zu können, was sie wollen. Ich möchte ihnen den Weg zu einer gleichberechtigten Welt zeigen und wie sie ihren Kindern seelisch gesunde Vorbilder sein können, sodass diese glücklich aufwachsen." Auch mein Chef war berührt, er sagte nur: „Mach das Giulia! Jeder Satz bist du." Später habe ich diese drei Fantasiereisen abgewandelt und als Audio-Übungen in mein Online-Programm für glückliche Mamas aufgenommen. Den Teilnehmerinnen geht es genauso wie damals mir.

So bloggte ich fleißig weiter, aber immer wieder beschlich mich das Gefühl, alles hätte einen noch tieferen Sinn, ich könne ihn aber noch nicht sehen. Wenn Freundinnen mich fragten, warum ich das mache, antwortete ich immer: „Wenn auch nur ein Mal eine Mutter ihr Kind nicht anschreit, hat es sich gelohnt."

Was ich nicht ahnen konnte, war, welchen Einfluss der Blog auf mein eigenes Leben haben würde. 2018 fuhren wir im Sommer mit den Kindern nach Kanada. Ein wundervoller Urlaub in Nova Scotia. Ich hatte den Laptop dabei und eigentlich geplant, weitere Blogbeiträge für meine Community zu veröffentlichen. Aber 20 Tage blieb der Laptop schön in seiner Tasche. Am letzten Tag vor dem Abflug spielten die Kinder am Strand und ich dachte mir: „Ach, schau doch mal kurz rein, um zu sehen, was für Nachrichten in den letzten drei Wochen reingekommen sind." Ich öffnete das Postfach des Blogs. Neben Werbung und Spam fand ich eine Nachricht über das Kontaktformular des Blogs. Eine Frau schrieb mir, ihr Vater habe mich gesucht und mich über den Blog gefunden. Das fand ich merkwürdig. Doch im weiteren Text verriet sie mir, wir wären verwandt. Ihr Vater sei der Bruder meines Vaters. Ich wusste bis zu dieser Nachricht nicht, dass ich eine Cousine habe. Sie selbst hatte auch erst als Jugendliche herausgefunden, wer ihr Vater war und hatte ein wunderbares Verhältnis zu ihm aufgebaut. Ich schrieb ihr sofort zurück. Als wir uns persönlich trafen, verstanden wir uns auf Anhieb bestens. Jetzt wusste ich, warum ich mit dem Bloggen begonnen hatte, und teilte dieses wunderbare Ereignis der Familienzusammenführung mit meinen Lesern. Aber damit nicht genug! Eines Tages schrieb mir auch mein Vater, zu dem ich viele Jahre gar keinen Kontakt hatte. Er würde gerne meine Cousine, seine Nichte kennenlernen. Seine Freundin hatte meinen Blogartikel über unser Kennenlernen gelesen und war so berührt von meinen Texten zum Thema Familie und Streitigkeiten. Ich hatte nun auch mit meinem Vater wieder Kontakt, weil ich bloggte.

Ein Kartenhaus fällt zusammen – Rien ne va plus – Nichts geht mehr

Eigentlich hätte ich bis ans Ende meines Lebens glücklich und zufrieden so vor mich hinleben können: arbeiten, für die Kinder da sein und ab und an bloggen. Aber erstens kam es anders und zweitens war da noch diese Vision, ein Buch zu schreiben. Vielleicht war sie „schuld“ an allem?

Von einem Tag auf den anderen wurde mir der Druck, den ich mir selbst ein Leben lang gemachte hatte, zu viel. Auf einmal brach alles zusammen. Und das, obwohl ich vermeintlich alle Tools an der Hand hatte, um mit Stress gut umzugehen. Aber dieser Art von Stress war auch ich nicht gewachsen.

Ich hatte sechs Jahre gar keinen Kontakt zu meinem Vater, bis uns der Blog wieder zusammenführte. Er bat mich um ein Treffen und so trafen wir uns in einem schönen Restaurant in München, nach so vielen Jahren das erste Mal. Ich war aufgeregt, durcheinander, fragte mich, was er wohl von mir wolle. Es war kurz vor Weihnachten, noch vor Corona. Ich fühlte mich schrecklich. Da saß ein alter Mann, den ich kaum kannte und der mein Leben doch so sehr beeinflusst hatte. Er eröffnete mir, krank zu sein und im neuen Jahr eine Therapie machen zu müssen. Er sei bereit abzutreten, er wolle nicht leiden und hänge nicht am Leben. Er hätte ein schönes Leben gehabt, denn er hätte alles erreicht – ein schönes Haus, ein Segelboot und einen Porsche. Was wolle man mehr im Leben erreichen?

Mir blieb die Spucke weg! Ich brachte den ganzen Abend keinen Ton mehr heraus. Was war mit uns, all den Kindern und den Frauen? Zählten wir gar nicht? War das nie auf der Liste gestanden? Ein glückliches Familienleben und ein schöner Kontakt zu den eigenen Kindern und Enkeln? Zu meinen Kindern hatte er all die Jahre keinen Kontakt gehabt und doch erinnern mich ihre Augen täglich an ihn. War das alles unwichtig? Andererseits war ich glücklich für ihn. Glücklich, dass er zufrieden war. War es denn so wichtig, ob ich mit seiner Definition von Glück einverstanden war? Ist es nicht das, was jeder Mensch im Leben erreichen sollte, mit seinem Leben glücklich zu sein?

Vielleicht war es mein Auftrag, genau diese Kindheit zu durchleben und daran zu wachsen. Vielleicht bin ich heute nur deswegen die Person, die ich bin. Wäre ich mit einer anderen Vergangenheit eine andere Person? Während in meinem Kopf nur so die Gedanken rasten, erzählte er mir von seiner Kindheit, von meinem Großvater und von seinem Leben. Aber ich war kaum aufnahmefähig. Auf dem Weg nach Hause überkam mich das Gefühl, völlig unbeteiligt gewesen zu sein. Nichts gesagt zu haben. Dabei hätte ich ihm so viel sagen wollen. Mein Kopf platzte vor Gedanken und widerstreitender Gefühle, eine Mischung aus Wut, Verzweiflung, aber auch Freude, dass mein Vater am Ende seines Lebens zufrieden schien. Ich möchte am Ende auch sagen können, dass es mir nichts ausmacht zu gehen, weil es schön war und ich mir mehr nicht hätte erhoffen können. Erfüllt, glücklich und zufrieden gehen können, das wünscht sich doch jeder. Und man wünscht es jedem. Auf der anderen Seite war ich aber verzweifelt. Was, wenn es zu spät wäre, ihm meine Version vor Augen zu führen. Ich hatte den dringenden Wunsch, ihm den Teil meiner Geschichte mitzuteilen. Wie sehr ich gelitten und ihn vermisst hatte, und wie sehr mir all das zugesetzt hatte, was er mir und meiner Mutter angetan hatte. Wie schwer es für mich in all den Jahren gewesen war, mich meiner Mutter gegenüber „richtig“ zu verhalten. Ich durfte seinen Namen nicht erwähnen und wir hatten seinetwegen viele Streitereien. Auch mit ihr war der Kontakt häufig schwierig bis gar nicht vorhanden gewesen. Ich hatte selbst eine Familie gegründet, war glücklich verheiratet und die enge Mutter-Tochter-Bindung von damals musste einen neuen Weg finden. Das war für sie nicht leicht zu verstehen. Für mich aber ein wichtiger Abnabelungsprozess. Sicherlich war es für meine Mutter schwer, dass ich in eine „intakte“ Familie mit mehreren Geschwistern einheiratete und ich so noch zu einer „großen“ Familie kam, die sie sich selbst immer gewünscht hatte.

Mein Vater fuhr zurück nach Italien, um seine mehrere Wochen dauernde Therapie zu beginnen. Wir hielten Kontakt, es ging ihm den Umständen entsprechend gut. Zeitgleich verschlechterte sich die Lage in Italien. Es gab erste Fälle von Corona. Bald darauf gab es den ersten Infizierten in Deutschland. Die Einschläge bei uns in München kamen sehr nah. Unser ehemaliger Kindergarten schloss als erste Institution in München und ebenso das Gymnasium unseres Sprengels. Es war zu befürchten, dass auch die Grundschule schließen würde, noch ahnten wir nichts vom baldigen deutschlandweiten Lockdown. Mein Mann beschloss, eine geplante USA Reise abzusagen. Abends sahen wir im Fernsehen die Bilder aus Bergamo und hofften, dass alles nur ein seltsamer Spuck sei. An dem Tag, an dem die bayrischen Schulen dann alle schlossen, hatte mein Vater einen Autounfall. Ein entgegenkommendes Auto überholte auf seiner Spur und prallte frontal in sein Auto. 50 Minuten wartete er verletzt und eingeklemmt in meinem alten Fiat 500, den ich zu meinem 18. Geburtstag geschenkt bekommen hatte. Keine gute Knautschzone. Die Feuerwehr schnitt ihn aus dem Auto, er wurde ins Krankenhaus gebracht und operiert. 60 Tage blieb er dort. Die Grenzen waren alle dicht, die Bilder aus Italien der blanke Horror. Beruflich hatte ich alle Hände voll zu tun, ich war damals für ein Unternehmen tätig, das ausschließlich global agierte und internationale Geschäfte machte. Also hatte die Personalabteilung sehr viel zu tun: Wie kann man den berufstätigen Eltern bei den Schulschließungen helfen? Wie kommen Mitarbeiter aus Indien „heil" nach Hause? Wer war in Südtirol, wer muss wie lange in Quarantäne? Die Lage war furchtbar angespannt, auch bei uns zuhause. Zwei arbeitende Eltern, eine Mutter, die von 7:00 Uhr bis 18:00 Uhr Calls hatte und zwei Kinder, die ebenfalls nicht wussten, was geschah und mehr Aufmerksamkeit denn je brauchten. Und im Kopf immer die Bilder meines Vaters in einem italienischen Krankenhaus, mit dem ich noch etwas „klären" wollte. Ich bekam rund um die Uhr E-Mails, teilweise um 23:00 Uhr, warum ich noch nicht geantwortet hätte. Das war im März. Im Mai fasste ich den Entschluss zu kündigen, ich konnte nicht mehr. Ich konnte nicht mehr schlafen, hatte nachts Herzrasen, am Wochenende weinte ich nur noch und wusste nicht warum. So konnte es nicht weitergehen. Mein Mann schickte mich zum Arzt. Ich erkannte, was geschehen war. Ich war am Ende.

All die Jahre, die ich allen beweisen wollte, wie gut ich bin, was ich alles kann, dass Frau alles schaffen kann, auch mit Kindern. Dass ich eine anspruchsvolle Karriere haben und eine liebevolle Mutter sein kann, auch wenn es mich dabei zerreißt. Ich wollte immer die beste Mitarbeiterin für meine Chefs sein, die beste Chefin für meine Mitarbeiter, die beste Gastgeberin für Gäste, die beste Mutter für meine Kinder, allen eine gute Zuhörerin mit stets offenem Ohr und hilfreichen Tipps.

Und da fiel das Kartenhaus zusammen. Die seelische Belastung und die enorme berufliche Herausforderung der damaligen Krisensituation (es gab noch keine Tests, geschweige denn Impfungen) waren zu viel. Als Leiterin der Personalabteilung fühlt man sich ohnehin als Mutter der Company für alles zuständig und wird auch gern für alles zuständig gemacht. Es war zu viel. Der Arzt schrieb mich krank. Zunächst nur für zwei Wochen. Ich war der festen Überzeugung, das reiche, um mal durchzuschnaufen und um mich zu erholen. Tatsächlich wählte ich mich aber weiterhin in Calls ein, nahm an Besprechungen teil und erzählte niemandem von meiner Krankschreibung. Ich wollte erst alles abschließen und nichts unerledigt lassen. Alle versorgen und dann erst an mich denken, war viele Jahre meine Devise gewesen. Mein Glück war dann der Anruf des damaligen CEOs, der um 17:00 Uhr mit mir „plaudern" wollte. Damals hielt ich ihn für meine Situation mitverantwortlich, da er viel forderte und für ihn Einsatz rund um die Uhr normal war. Ich war pampig zu ihm, wollte ich doch endlich meinen Jungs Zuwendung schenken, ich hatte bereits um 6:00 Uhr begonnen zu arbeiten. Er fragte mich, was denn mit mir los sei, warum ich so gereizt sei. Ich erzählte ihm von meiner Krankschreibung. Er sagte: „Du bist raus! Schau, dass du da irgendwie wieder heile rauskommst! Du hast Kinder. Ich kümmere mich um alles. Ich informiere deine Chefin." Mein Mann kam in die Küche, ich hatte den Hörer noch in der Hand, aber es war niemand mehr dran. „Ich bin raus, hat er gesagt." Da wurde mir erst bewusst, wie tief ich im Loch saß. Und in dem Moment hatte ich keine Ahnung, wie ich da wieder rauskommen sollte. Ehrlich gesagt, konnte ich mir gar nicht vorstellen, überhaupt jemals wieder rauszukommen. Am nächsten Tag stimmte ich mich noch kurz mit meiner Chefin, meinem Team und dem Betriebsrat ab, um es ihnen persönlich mitzuteilen. Dann kappte ich auf Anraten einer Spezialistin für solche Fälle, die mir sofort an die Seite gestellt worden war, alle Verbindungen. Mail, Telefon, alles aus. Von 200 auf 0 in zwei Sekunden.

Der Stein des Weisen – Lernen wir, wie die Kinder zu denken!

Man stellte mir einen Coach zur Seite und in den Gesprächen drehte sich alles nur um eines: um mich Arme …, meine Kindheit, meinen Ehrgeiz, mein Vaterbild, den Job und all das mit eigenen Kindern. Ich tat mir selber schrecklich leid. Und bekam auch viel Verständnis und Mitgefühl. Man riet mir, eine Therapie zu beginnen und mein Leben mal auseinanderzunehmen. Gesagt, getan. Ich wollte alles tun, um wieder gesund zu werden. Ich suchte mir mehrere Therapeutinnen, hatte mit jeder ein Testgespräch und entscheid mich für diejenige, die mir am meisten zusagte. Für mich ist die Chemie zwischen Menschen wichtig. So einen „Beautycontest" hatte ich damals auch bei der Wahl meiner Hebamme gemacht. Alle im Umfeld hielten mich für verrückt. Was gäbe es da auszusuchen? Ich hingegen bin überzeugt, dass es eine sehr weise Wahl war. Ich hatte die beste Hebamme der Welt.

Die Krankenkasse genehmigte mir nach der schriftlichen Diagnose „Erschöpfung“ 40 Sitzungen, so hatte ich – statt wie bisher nicht einmal Zeit, um zwischen meinen Meetings auf die Toilette zu gehen – alle zwei Wochen nur einen festen Termin in meinem Kalender – den Kontrolltermin bei meinem Arzt. Ansonsten hatte ich zum ersten Mal in meinem Leben „frei“. Während der Schulzeit und dem Studium hatte ich mir immer Geld dazuverdient und nach dem Studium sofort zu arbeiten begonnen. Nach den Geburten meiner Jungs war ich jeweils nur kurz in Elternzeit und schon immer sehr früh in den Beruf zurückgekehrt. In einer Leitungsfunktion denkt man, man werde gebraucht und könne die Firma nicht zu lange alleine lassen. Mit dem irrigen Ziel, man müsse sich unersetzbar machen. Meine Stelle wurde schnell nachbesetzt. Ich lernte, wir alle sind ersetzbar.

Ich war insgesamt drei Monate krankgeschrieben, las Bücher über Psychologie und Psychotherapie, schlief viel, ging stundenlang alleine spazieren. Alle waren lieb zu mir, doch ich hatte nicht das Gefühl, dass sich irgendetwas besserte. Ich nahm an Online-Kursen teil, um mich von meinem Karma zu befreien oder mich in Vergebung zu üben. Ich meditierte, machte jeden Morgen den Sonnengruß, bekam hypnotische Audio-Übungen auf die Ohren, aber nichts half.

Eines Tages telefonierte ich mit meinem Cousin, dem Halbbruder meiner „neuen“ Cousine. Auch zu ihm hatte ich nur dank meiner Cousine wieder Kontakt, wie auch zu meinem Onkel und meiner Tante. Grundsätzlich mied ich Telefonate. Was sollte ich denn sagen, wie es mir geht? Aber er erzählte mir von sich und es tat gut, ihm einfach nur zuzuhören und interessierte Fragen zu stellen. Als ich irgendwann an der Reihe war, von mir zu erzählen, hörte auch er nur zu. Das war so befreiend kein: „Ach herrje, du Arme! Oh mein Gott!“ Er lieh mir einfach sein Ohr.

Einige Tage später rief er mich erneut an. Er hatte sich einen Plan für mich ausgedacht! Ich war zu Tränen gerührt. Er berichtete mir, vor einigen Jahren in einer schwierigen beruflichen Situation gewesen zu sein. Er hatte damals eine Familienaufstellung gemacht, was ihm enorm geholfen hätte. Er bot mir an, mich zu so einer Familienaufstellung (weit von unserem Zuhause) zu begleiten, alles zu organisieren und bei ihm zu übernachten. Zur Erinnerung: Es war Lockdown in Deutschland und eine Familienaufstellung mit Fremden gar nicht erlaubt. Also hatten wir eine Einzelsession und mein Cousin erklärte sich bereit, für alle Positionen der Aufstellung Stellvertreter zu sein. Was soll ich sagen, mein Herz läuft heute noch über vor Dankbarkeit, dass er sich so viel Mühe gab. Es war ein sehr intensiver Tag und ich weiß nicht, wie ich ihn überstand. Ich weinte durchgehend. Am Ende hatten wir ein Ergebnis. Und ich dachte, den Stein der Weisen entdeckt zu haben. Jetzt wusste ich endlich, wer an allem „schuld“ war. Aber was machte das mit mir? Was nützte mir dieses Wissen? Klar, einen Sündenbock gefunden zu haben, hilft vielleicht, es gedanklich abhaken zu können. Aber wird man dadurch selbst wieder glücklich?

In der nächsten Sitzung erzählte ich meiner Therapeutin davon. Ich war der Meinung, dass die Person (der gefundene Sündenbock) ihren Fehler einsehen und sich entschuldigen müsse.

Ihre Antwort traf mich wie ein Schlag in die Magengrube: „Nein! Diese Person muss gar nichts einsehen und erkennen. Wenn ich diese Person bei mir in der Praxis als Patienten sitzen hätte, würde ich ihr sogar dringend davon abraten. Was glauben Sie, würde so eine Erkenntnis für das Leben dieser Person bedeuten? Ich müsste die Person sogar aktiv daran hindern, damit nicht noch Schlimmeres passiert." Was sagte sie da? Sie müsste die Person schützen, die an allem schuld war? War sie nicht meine Therapeutin? Steckten die alle unter einer Decke? Ich war fassungslos, fühlte mich verraten und verstand die Welt nicht mehr. Heute bin ich ihr für diese sehr weisen und wahren Worte unglaublich dankbar.

Der Gedanke arbeitete in mir. Die Einsicht der Person spielt also keine Rolle für meine Zufriedenheit. Aber was denn dann? Ich erinnerte mich an all mein Wissen über Dankbarkeit, Achtsamkeit und Meditation. Ich hatte doch gelernt, ich bin nicht meine Gedanken.

Plötzlich sah ich alles ganz klar. Was, wenn ich einfach anders denken könnte? Niemand ist schuld. Alles ist in Ordnung, so wie es ist. Ich muss nur aufhören, es in Gedanken immer wieder hochzuwürgen. Ich vergleiche das gern mit dem Essverhalten einer Kuh. Wir wiederkäuen gern immer wieder dieselben alten Probleme. Die Kindheit, den Ärger, das Negative. Statt sie einfach auszuspucken oder endlich runterzuschlucken. Ich hatte mich so sehr an meinen vermeintlichen Problemen festgeklammert, dass ich sie im erstarrten Griff gar nicht mehr loslassen konnte. Die Hand war ganz verkrampft, wie gelähmt, und ich spürte sie schon lange nicht mehr. Die „schwere" Kindheit hatte doch so viel mit mir gemacht. Hatte mich doch so sehr behelligt, beeinflusst und war wie ein Schatten über allem. Aber wer hatte das entschieden? Wessen Einfluss war es, wessen Schatten, wessen Gedanken, die sich im Kreis drehten? Genau: meine eigenen!

Diese Erkenntnis bezeichne ich heute noch als meine persönliche Erleuchtung und werde nie aufhören, dafür dankbar zu sein. Ich weiß noch genau, dass sie mir eines Morgens, auf der Bettkante sitzend, kam. Die Kinder nahmen an einem Ferienprogramm teil, mein Mann arbeitete im Homeoffice. Ich stand auf und ging zu ihm: „Du Schatz, ich bin jetzt wieder gesund." „Was hast du gesagt?" „Dass ich jetzt wieder gesund bin." „Wie jetzt das denn?" „Ich habe es gerade so entschieden!"

Ich nehme es niemandem übel, wenn er das nicht glauben kann. Meinem Hausarzt, den ich am darauffolgenden Tag um eine Gesundschreibung bat, auch nicht. Er stellte mir viele sehr seltsame Fragen, weil er wohl Angst hatte, ich würde ihn täuschen, um mir dann etwas anzutun. Aber auch er stellte nach einem langen Gespräch fest: „Frau Catana, Sie sind ja wirklich wieder gesund! Ich gratuliere Ihnen von Herzen. Das schaffen nicht viele." Die Krankenkasse freut sich vermutlich noch heute, dass ich von den 40 Sitzungen nur acht in Anspruch nahm. Aber die Gespräche über meine Vergangenheit, mein Arbeitspensum, den Stress des

Mutterseins, das „Rühren“ in den Gedanken und Gefühlen, die mir nicht guttaten, war nicht mehr nötig. Im Gegenteil, ich wollte nichts mehr damit zu tun haben! Schluss mit Wiederkäuen. Ausgespuckt. Draußen. Kein Herumrühren mehr.

Ich hatte entschieden, mich nicht mehr damit zu beschäftigen, nicht mehr an Negatives zu denken, und wenn es mir doch passiert, sofort umzudenken. Durch mein jahrelanges Training fiel es mir nicht schwer, meine Gedanken unter Kontrolle zu halten. Klappt das immer? Nein! Klappt es meistens? Ja!

Während ich dieses Kapitel überarbeitete, brach der Krieg in der Ukraine aus und ein Atomkraftwerk wurde getroffen. Das kann auch ich mir nicht glücklich denken. Vor ein paar Tagen nahm ich meinen Sohn in den Arm und sagte ihm, dass es mir so unendlich leidtäte, dass seine Kindheit nun schon die zweite erhebliche Krise beinhalte und wie froh ich sei, dass er sich wenigstens noch an die „normale“ Kindheit erinnern könne. Er antwortete mir etwas irritiert: „Mama, aber das ist doch kein Problem! Solche Krisen hattet ihr in eurer Kindheit doch auch.“ Ja, es gab in meiner Kindheit die Katastrophe in Tschernobyl und ich erinnere mich gut daran. Aber ich hatte nie Angst vor einem Krieg. Und in seinem Alter ging ich mit Freundinnen zum ersten Mal allein in die Stadt zum Bummeln, wir trafen uns mit Klassenkameraden, die wir „gut“ fanden, gingen manchmal ins Kino und auf Geburtstagspartys wurde mit viel Abstand unter der Aufsicht der Eltern „Schieber“ getanzt. All das kennen Kinder in seinem Alter heutzutage durch Lockdowns und Kontaktbeschränkungen nicht. Einmal mehr wurde mir bewusst, wie unwichtig eine „unschöne" Kindheit im Vergleich zu existenziellen Sorgen ist. Ich denke auch hier um und freue mich darüber, wie er denkt. Seine Antwort hat mir wieder einmal gezeigt, dass alles nur von unseren Gedanken abhängt. Er sieht es anders. Denn die Wahrheit ist, dass wir Erwachsenen lernen müssen, wie die Kinder zu denken. Back to the roots! Kinder denken von Beginn an positiv. Sie lernen erst von uns das negative Denken. Denken wir also um! Für uns und unsere Kinder, damit sie erst gar nicht zu Wiederkäuern negativer Gedanken werden. In den folgenden Kapiteln werde ich dir die Kunst des Umdenkens in verschiedenen Lebensbereichen beibringen. Denn sie ist der Schlüssel für Glück und Zufriedenheit.

An dieser Stelle noch ein kleiner Exkurs zum Thema Kindheit. Mein Vater achtet immer sehr darauf, wie Kinder sich bei Tisch benehmen. Früher wir Kinder, heute seine Enkel. Wie man die Gabel hält, dass man aufrecht sitzt und so weiter. Als ich – selbst schon erwachsen – mal dabei war, wie er an einer meiner sehr viel jüngeren Halbschwestern herumnörgelte und ihr ständig sagte, was sie tun müsse, bat ich ihn, damit aufzuhören. Es sei nicht gesund für die Seele des Kindes, ständig zu hören, dass es Fehler mache. Ständig zu hören, wie es besser ginge. Ständig zu hören, dass man ohnehin nichts richtig, sondern alles immer nur falsch mache. Ich selbst hatte bisher immer nur die Antwort bekommen, er meine es doch nur gut. Ich würde ihm eines Tages noch dankbar dafür sein. Gute Manieren seien so wichtig im Leben. Und wenn man sich seinen Lebenslauf anguckt, stimmt das vielleicht auch. Für seine Generation. Als es aber nicht um mich ging, bekam ich eine verblüffende Antwort. Er lachte und sagte: „Dann ist das Kind eben zu schwach, wenn seine Seele darunter leidet!“ Damals hatte ich die Worte nicht verstanden und mich nur aufgeregt, wie unreflektiert er sei, wie grausam. Doch heute kann ich umdenken: Was, wenn es nur darum geht, sich von den negativen Gedanken zu befreien? Was, wenn es egal ist, wie mein Vater es meinte und ob er unreflektiert handelte. Mit mir als Person bleibt alles in bester Ordnung. Vielleicht war meine Seele früher tatsächlich zu schwach, weil ich mir so lange diesen negativen Quatsch eingeredet habe, nicht gut genug zu sein. Vielleicht war mein Vater nicht unreflektiert, und wollte wirklich nur das Beste für mich. Vielleicht ist beides auch total unwichtig. Denn am Ende entscheide ich, was ich denken will.

Hätte ich das früher gewusst, wäre mir sicher viel erspart geblieben. Aber mal ehrlich, wäre das besser gewesen? Ich bin sogar dankbar für alles. Für alles, was mir passiert ist und was ich daraus gelernt habe. Denn so kann ich meine Vision, anderen zu helfen, realisieren. Indem ich dieses Buch für dich schreibe. Damit meine Erkenntnisse nicht nur mein Leben verändern, sondern deines auch.

Auf einen Blick

Nicht alles, was wir für wahr halten, hält letztlich einer objektiven Betrachtung stand. Chefs, über die man sich ärgert, können sogar zu Rettern werden. Hingegen können „bahnbrechende" Erkenntnisse sich als absolut hinderlich herausstellen. Und Sündenböcke gibt es nicht. Alles, was uns wirklich behelligt, sind „nur" die Gedanken in unserem Kopf. Und die können wir ändern.

3. KAPITEL

DIE VERGANGENHEIT ERKENNEN, VERGEBEN UND LOSLASSEN

Einer der übelsten Gedanken – „Was denken nur die anderen Leute?“

Vielleicht hast du dich in den letzten beiden Kapiteln gefragt, was das jetzt eigentlich mit dir zu tun hat. Ich bin der Meinung, dass mit der Kunst des positiven Denkens und Umdenkens alles möglich ist. Du musst nicht erst wie ich selbst im Burnout landen, um diese Erfahrung zu machen. Bereits vor meiner Krankheit verstand ich es, diese Kunst in anderen Lebensbereichen anzuwenden. Ich war schlichtweg zunächst überhaupt nicht auf die Idee gekommen, das mir so vertraute Umdenken, das ich in puncto Karriere und Vereinbarkeit von Kindern und Beruf bereits erfolgreich anwendete, auch auf meinen eigenen Gemütszustand anzuwenden. Für meine eigene Vergangenheit, was sie mit mir gemacht hatte und welche Denkmuster ich im Unterbewusstsein abgespeichert hatte, hatte ich zunächst noch einen blinden Fleck.

Die Möglichkeiten, sich über andere zu ärgern, sich als Opfer der Umstände zu sehen, sind vielseitig: Man kann sich über die Gesellschaft ärgern, die es Frauen nicht ermöglicht, Familie und Beruf entspannt miteinander zu vereinbaren, man kann sich über die Politik ärgern, die keine Teilzeit für beide Eltern anbietet, wie zum Beispiel in skandinavischen Ländern oder bei unseren holländischen Nachbarn. Man kann sich über die Werbung ärgern, die ein völlig falsches Bild von Frauen und Müttern an die Plakatwände klebt. Man kann sich über den Partner ärgern, der nicht sieht, wie angestrengt man ist. Man kann sich über die Kinder ärgern, die schon wieder streiten, obwohl es ihnen doch so gut geht und man alles für sie tut. Über den Arbeitgeber, der keine Rücksicht auf die persönliche Situation nimmt, den Vorgesetzten, der einem in den eigenen Augen viel zu viel abverlangt und zu wenig lobt und ermuntert, die in Vollzeit arbeitenden Kolleginnen und Kollegen, die Teilzeitmütter mit „lustigen" Kommentaren wie „Gehst du schon wieder?" demoralisieren, wenn sie bereits viel zu spät den Arbeitsplatz verlassen und ihr Kind wieder einmal zu spät abholen, und zu guter Letzt können wir uns dann auch noch über das eigene schlechte Gewissen ärgern.

Aber warum ärgern wir uns so schnell, so häufig? Warum haben wir schneller ein schlechtes Gewissen, als dass wir uns grandios fühlen? Dabei hätten wir doch allen Grund dazu! Warum beschäftigen wir uns lieber mit Problemen, als sie über Bord zu werfen. Ich weiß, viele denken sich jetzt: „Sie hat gut reden, meine Probleme sind ganz andere, sie kann das vielleicht, aber bei mir kann das gar nicht klappen, denn bei mir ist das ja ganz anders!" Ich habe mein „System" inzwischen mit vielen Kundinnen erprobt. Alle bestätigten mir, dass es hilft. Auch wenn sie es zunächst nicht glauben konnten. Auch sie dachten zunächst, bei mir kann das nicht klappen. Aber die Kunst des Umdenkens gelingt bei allen. Genauso wie Placebo nachgewiesenermaßen auch funktioniert. Der Satz „Was Hänschen nicht lernt, lernt Hans nimmer mehr!" ist falsch. Was uns Eltern aber nicht davon abhalten sollte, unser Wissen über das Umdenken mit den Kindern zu teilen und es schon Hänschen beizubringen. Wissenschaftliche Studien belegen, dass sich das Gehirn – zum Beispiel durch neue Erfahrungen – ständig verändert. Wer sich duscht, stellt fest, dass er Haare verliert und sie wieder nachwachsen. Wer trockene Haut hat, merkt mehr als andere, dass sich unsere Hautzellen täglich erneuern. Insgesamt erneuern sich unsere Zellen angeblich alle sieben Jahre komplett. Das bedeutet, wir sind alle sieben Jahre ein „neuer" Mensch. Warum sollten wir dann glauben, dass wir die Art zu denken nicht ändern können. Wir können atmen, ohne darüber nachdenken zu müssen. Unser Herz schlägt, ohne dass wir es uns gedanklich erst vornehmen müssen. Woher kommt es dann also, dass wir unseren eigenen Gedanken mehr vertrauen als unserem Körper? Apropos Körper, der liefert uns wunderbare Signale, wenn es uns nicht gut geht. Das Frühwarnsystem funktioniert immer. Meist haben wir aber in der schnelllebigen Zeit verlernt, darauf zu achten. Und so haben sich eine Vielzahl von sogenannten Volkskrankheiten entwickelt. Und noch weniger haben wir gelernt, auf unsere Gedanken zu achten. Gedankenhygiene nenne ich das. Wenn wir unserem Kopf permanent zuhören würden, würden wir einen Haufen Blödsinn erkennen. Wenn wir uns diesen Blödsinn als Text in einem Buch vorstellen, würden wir ihm sicherlich eine miserable Bewertung geben und uns fragen, wer so einen Mist schreibt.

Woher kommt dieses Gefühl, dass wir es nicht richtig machen, die Sorge, etwas falsch zu machen, nicht zu genügen? Als müssten wir irgendetwas beweisen. Aber wem? Uns selbst, dem Partner oder den eigenen Eltern? Vielleicht sogar der ganzen Gesellschaft? Nüchtern betrachtet, verdient die Gesellschaft Milliarden damit, dass wir uns nicht blendend und rundum glücklich fühlen. Es gäbe keine Modetrends, keine Kosmetik, keine schicken Autos, keine Luxusartikel, keine elektronischen Helfer im Alltag, keine Sportarten, bei denen wir uns messen und beweisen können, keine Frisöre und Haarfärbemittel, keine Schönheitsoperationen, keine Süßigkeiten (Süßes aktiviert das Belohnungssystem im Gehirn und schüttet Glückshormone aus.), keine teuren Urlaube, die wir uns als Belohnung für das monatelange Aushalten des Alltags gönnen, um ihm für kurze Zeit zu entfliehen.

Warum aber ist die Unzufriedenheit mit sich selbst und dem eigenen Leben so weit verbreitet? Ich bin der Meinung, den „Übeltäter“ gefunden zu haben. Denn eines Tages fiel es mir wie Schuppen von den Augen, woher all diese schlechten Gedanken kommen: „Was denken nur die anderen Leute von mir?“ Ich kann dir nicht sagen, wie lange dieser Satz heimlich, still und leise in meinem Gehirn herumspukte. Ob es nun der anstehende

Besuch war, für den ich „schnell“ noch die Wohnung auf Hochglanz polieren „musste“, oder was wohl die Nachbarn dachten, wenn es einen lauten Schlag in unserer Wohnung gab, weil etwas heruntergefallen oder eine Tür zugeflogen war. Mir wurde schlagartig bewusst, dass mich die Gedanken anderer Leute aber doch gar nichts angehen und dass ihnen meine Probleme sicherlich auch nichts ausmachen. Plötzlich konnte ich klar sehen, dass sich alle meine Gedanken, die mich so stressten, nur zwischen meinen beiden Ohren befanden. Die erschreckendste Erkenntnis war, dass ich mich sogar in „Angelegenheiten“ eingemischt hatte, die mich überhaupt nichts angingen, nämlich was andere Leute denken! Was gehen mich denn bitte die Gedanken anderer an? Gar nichts! Im Nachhinein betrachtet, empfinde ich es sogar als übergriffig, mir einzubilden, dass – oder noch schlimmer was – andere Leute über mich denken. Ich bin weder der Nabel der Welt, sodass ich Objekt der Gedanken anderer sein müsste, noch hat es mich zu interessieren, was andere denken. Das ist einzig und allein deren Angelegenheit. Ich weiß aus Gesprächen mit meinen Kundinnen, dass ich mit dieser Art, mir Gedanken zu machen, leider nicht allein bin beziehungsweise war.

Eine meiner Kundinnen berichtete mir zum Beispiel, dass es ihr einen immensen Druck bereite, nicht zeitnah Posts ihrer Freundinnen auf Facebook zu kommentieren, zu liken oder selbst etwas „Tolles“ zu posten. Sie gehe manchmal erst um 2:00 Uhr nachts ins Bett, weil sie erst alle liegengebliebenen Aufgaben erledigen und noch ausführlich auf Social Media kommentieren und liken müsse. Am nächsten Tag sei das ja zu spät. Ihre Freundinnen würden sich sonst bestimmt über sie ärgern, dass sie ihre Beiträge nicht kommentiert und gelikt hätte. Und was würden denn die Nachbarn denken, wenn es bei ihnen zuhause nicht sauber und aufgeräumt wäre, der Korb mit abgenommener Wäsche noch im Gang stünde und das abgespülte Geschirr nicht im Schrank verräumt wäre. Kein Wunder, dass meine Kundin nicht mehr schlafen konnte und völlig erschöpft war, denn sie hatte damals ein Stillbaby und ein Kleinkind. Wir wissen alle, wie da die Nächte aussehen. Ich fragte sie, ob die Freundinnen das denn tatsächlich mal geäußert hätten? Natürlich hatten sie das nicht. Die meisten hatten auch noch gar keine Kinder. In unserem Gespräch fragte ich sie auch, warum ihr die vermeintliche Meinung anderer so wichtig sei, obwohl sie diese doch noch gar nicht kenne. Sie erkannte, dass sie sich ohne jeden Grund an den Rand ihrer Kräfte manövriert hatte. Sie stellte auch fest, dass es Blödsinn sei, zu denken, man müsse noch am gleichen Tag kommentieren. Ich riet ihr, sich feste Zeiten für den Schlaf zu reservieren, egal, wie es um den Haushalt stand, und das Handy ab 20:00 Uhr auszuschalten. Schlaf ist kein Vergnügen, das erst nach der „Arbeit“ drankommt. Schlafentzug hingegen ist eine anerkannte Foltermethode! Was bis dahin nicht als Nachricht eingegangen war, war nicht wichtig genug, um nicht auch erst am nächsten Tag gelesen zu werden. Wenn es überhaupt wichtig war. Ich stellte ihr außerdem auch die Frage, was sie wohl einer guten Freundin raten würde, wenn sie ihr die gleiche Situation schildern würde. Da musste selbst sie lachen und fand viele Tipps, die sie der Freundin geben würde. Mit einer anderen Brille sieht die Welt meist ganz anders aus. Setze auch du, liebe Leserin, ab und an mal eine andere Brille auf und beobachte, wie du die Situation aus einer Vogelperspektive oder aus einer neutralen, „Gute-Freundin"-Position beurteilen würdest. Leider sind wir selbst viel zu streng mit uns selbst. Sind zu wenig unsere eigene beste Freundin.

Von alten Mücken und tagesaktuellen Elefanten – Wie du zur Leichtigkeit deiner Gedanken findest

Ich habe Strategien entwickelt, wie ich diesen und auch andere blöde Gedanken für immer loswurde. Am Ende des Kapitels findest du einige Übungen, die auch dir dabei helfen werden, solche Gedanken loszulassen.

Nachdem ich mich erfolgreich davon befreite, wichtig zu nehmen, was andere über mich denken, lebt es sich nun leicht und gelassen. Vor so einer Einstellung hätte mich mein „altes Gehirn" bewahrt. Denn das Gehirn hat evolutionsbedingt grundsätzlich Angst, neue Wege zu gehen (= neue Gedanken zu denken). Unser Gehirn hat sich in den letzten Jahrhunderten, in denen kein Säbelzahntiger mehr vor unserer Höhle lauert, nicht verändert. Daher ist es noch mit Mustern ausgestattet, die uns in der heutigen Zeit teilweise sehr hinderlich sind. Unser Gehirn ist bestens dafür geeignet, für Probleme Lösungen zu finden – zum Beispiel wie finde ich auf einem Stadtplan den kürzesten Weg von A nach B. Dazu füttern wir unser Gehirn gleich einem Computer mit Informationen und es verarbeitet diese Informationen, das heißt, es wägt ab, vergleicht und erarbeitet Lösungen. Unser Gehirn liebt Probleme, daher wälzen wir sie so gern.

Das war auch hilfreich, als wir noch das Rad erfinden mussten oder lernen mussten, wie man Feuer macht. Aber heute hilft uns das bei der Lösung eines emotionalen Problems nicht. Denn das Gehirn „findet“ für ein Gefühl keine Lösung, zumindest nicht ohne unsere Hilfe. Es kann nur einen Befehl ausführen. Das Gehirn ist so gesehen ein schrecklich schlechter Ratgeber. So habe ich für mich erkannt, dass es mir gute Dienste leistet, wenn es zum Beispiel darum geht, mir eine Struktur für diese Buch zu überlegen, dass es meine Hände gut über die Tastatur gleiten lässt, um die richtigen Buchstaben zu drücken (= Auftrag „Tippen“ ausführen). Es ist aber kein guter Ratgeber, wenn es mir nicht gut geht und ich traurig bin. Es hat nicht gelernt, wie man damit umgeht. Ich habe für mich hingegen erkannt, dass es IMMER einen viel besseren Gedanken gibt, der ein viel besseres Gefühl in mir erzeugt. Also schicke ich meinem Gehirn einen guten Gedanken und ich erhalte ein gutes Gefühl. Es ist nämlich überhaupt nicht möglich, sich schlecht zu fühlen, während man an etwas Schönes denkt. Probiere es mal aus!

Zurückkommend zu meiner Kundin, hat sie sich jetzt angewöhnt zu denken, dass es ihren Freundinnen viel mehr am Herzen liegt, sie mal zu treffen, statt sich für sie „kaputt“ zu machen. Davon haben ihre Freudinnen ja nichts! Man muss sich von einem einzigen Gedanken nicht leiten und in die Irre führen lassen. Insbesondere dann nicht, wenn man weiß, dass die Zahl der Gedanken, die wir täglich denken, so exorbitant mehr als dieser eine ist. Für jeden Gedanken, den man denkt, gibt es auch noch einen anderen, den man stattdessen denken könnte. Um solche Art von Gedanken für die Zukunft besser erkennen und auflösen zu können, hat es sich bezahlt gemacht, sich folgende Frage zu stellen: Warum habe ich mir ausgerechnet diesen einen Gedanken ausgesucht? Also von bewusster Wahl kann natürlich nicht die Rede sein. Wir haben uns diese Denkmuster nicht ausgesucht, aber wir haben sie verinnerlicht. Wie kam es dazu, dass wir diesen und nicht einen anderen Gedanken verinnerlicht haben? Meist hat es mit einem Erlebnis oder einer Reihe von Erlebnissen zu tun. In meinem Fall war es meine Großmutter, die ich immer in meinem Kopf sagen hörte: „Aber mein Kind, was denken denn die Leute!“ Jetzt, wo ich darüber nachdenke, weiß ich weder, wann sie das sagte, noch ob sie das wirklich so dachte. Was ich aber aus heutiger Sicht erkennen kann, ist, dass es in schlimmen Zeiten in Deutschland unglaublich wichtig war, darüber nachzudenken, welcher Eindruck bei anderen Leuten, den Nachbarn zum Beispiel, entstehen könnte. Man hätte auf jeden geringsten Verdacht hin auf Nimmerwiedersehen abgeholt werden können. DAS waren ganz andere Sorgen, fast so wie die vor dem Säbelzahntiger. Meine Großmutter hatte beide Weltkriege miterlebt. Auch wenn ich inzwischen mit dem Prozess des Umdenkens vertraut bin, half es mir zu Beginn ungemein zu wissen, wo der Gedanke ursprünglich herkommt. Und eine Erklärung dafür zu finden, dass es sich nicht um eine lebensbedrohliche Situation handelt. Sondern nur um einen Gedanken.

Im Beispiel meiner Kundin fanden wir gemeinsam heraus, dass sie Angst hatte, ausgeschlossen zu werden, zur Gemeinschaft der Freundinnen nicht mehr dazuzugehören, da sie als Erste Kinder bekommen hatte und das Gefühl hatte, mit den kinderlosen Freudinnen nicht mehr mithalten zu können. Als ich sie fragte, wo dieses Denkmuster herrühren könne, wusste sie die Antwort sofort. Sie war als Schulkind von Freundinnen gehänselt worden, weil sie nicht die neueste Mode trug. Die Familie hatte dafür kein Geld. Na und, zeichnet uns das als Mensch aus? Ich berichtete ihr, dass meine beiden Söhne auch mal geneckt wurden und dass ich selbst als Kind mal auf dem Pausenhof von allen festgehalten wurde, um mir die Schuhe auszuziehen, die dann in den großen Müllcontainer geworfen wurden, aus dem ich sie barfuß krabbelnd wieder herausholen musste. Kinder können gemein sein und testen sich und ihre Grenzen. Vielleicht hatte ich „genug" andere Sorgen damals, als dass mir der Vorfall mit der Tonne langfristig zugesetzt hätte. So speichert jeder von uns etwas anderes ab, obwohl die Erlebnisse ganz ähnlich sein können. Aber ist das ein Grund, uns heute als Erwachsene an unsere Grenzen drängen zu lassen? Im Nachhinein machen wir in unserer Gedankenwelt aus einer alten Mücke einen tagesaktuellen Elefanten, der uns fast, um beim Beispiel meiner Kundin zu bleiben, in die Erschöpfung treibt und bildlich gesprochen an die Wand drückt.

So war der Satz meiner Großmutter für mich im Nachhinein nur eine kleine Mücke, für sie damals aber ein Garant, um zu überleben. Warum muss ich mir heute im Alltag so viele Gedanken und so viel Stress machen? Muss ich eben gar nicht! Seit meiner Erkenntnis hinterfrage ich jede Aussage, in der das Wort „müssen" vorkommt. Muss ich die Posts der Freundinnen liken und kommentieren? Gibt es ein Gesetz, das mich dazu zwingt? Wenn nein, warum zwinge ich mich dann dazu? Wovor habe ich Angst? Ist das eine reale, sehr wahrscheinliche Gefahr, vor der ich Angst habe, oder eine Mücke aus alten Zeiten? Wo kommt diese Mücke her? Warum bestimmt sie mich noch heute? – sind die Fragen, die meinen Kundinnen und mir dabei helfen, anders zu denken.

Das ist es, was ich gelernt habe, dass ich für jeden Gedanken, der mir nicht guttut, einen Beweis finden kann, dass dieser Gedanke nicht richtig ist, und stattdessen einen neuen finden kann. Ich möchte in diesem Buch diese Erkenntnis des Umdenkens als Allzweckmittel teilen. Ich weiß aus vielen Gesprächen, dass jeder von uns irgendwelche Glaubenssätze aus der Vergangenheit hat. Jeder hat ein anderes Thema, meist ist es aber so verdrängt, vergraben oder versteckt, dass man nicht von alleine draufkommen würde. Jeder hat einen anderen Lebensrucksack, so nenne ich die individuelle Vergangenheit, die wir tagtäglich mit uns herumschleppen, ohne dass wir sie sehen oder erkennen können. Das Thema meiner Kundin war das Necken durch ihre Schulfreundinnen. Bei mir hingegen waren es nicht die Schuhe in der Mülltonne, sondern der Umstand, ohne Vater aufgewachsen zu sein, kombiniert mit dem Umstand, dass meine Mutter sich abmühen und um alles im Leben schwer kämpfen musste. Mein Selbstwertgefühl war kein besonders großes. Ich wollte unbedingt alle mit meinen Leistungen beeindrucken und es gelang mir auch. Denn als ich zusammenbrach und ausfiel, schlugen alle die Hände über dem Kopf zusammen. Von überall hörte ich: „Also, wenn ich es von einer nie geglaubt hätte, dann von der Giulia. Die ist doch immer so stark, die kann doch alles und hat immer so viel gemacht.“ Ja eben, nur zu welchem Preis? Das war eine wachrüttelnde Erkenntnis. Und erst in dieser

Zwangspause wurde mir bewusst, wo das herkam, welch hohen Preis ich bereit gewesen war zu zahlen und dass es fast schiefgegangen wäre. Ich bin so dankbar für diesen Denkzettel.

Auch ganz ohne Denkzettel darfst du dir das Leben so leicht wie nur möglich gestalten. Mein Motto ist folgendes: Wir sind hier auf diese Welt gekommen mit zwei Aufträgen des Universums, vom lieben Gott oder wie immer du es bezeichnest.

1. Dass wir das Leben genießen. Jeden Tag. Das ist unsere Pflicht, warum sonst wohl wäre uns das Leben geschenkt worden?

2. Dass wir dieses Lebensmotto mit unseren Kindern teilen (da Fortpflanzung im Sinne der Unsterblichwerdung, Verewigung ein Teil von Auftrag Nummer 1 ist) und es gemeinsam mit ihnen kultivieren.

Mit der Leichtigkeit der Gedanken können wir das Leben viel mehr genießen. Niemand ist auf die Welt gekommen, um sich seinen Kopf oder an seinen Gedanken zu zerbrechen.

In einem Gruppencoaching habe ich einmal folgenden Vergleich gewählt, um es den Teilnehmern zu verdeutlichen, was ich damit meine. Blicken wir dazu gemeinsam ins Tierreich. Wird sich ein Eichhörnchen jemals die Frage stellen, was die anderen wohl von ihm denken? Oder wird es aufwachen und schlecht gelaunt sein, weil es heute schon wieder so viele Nüsse sammeln muss? Vermutlich würde es kurz vor dem Winter auch nicht denken, dass so ein Eichhörnchen-Leben ganz schön anstrengend ist. Immer nur Nüsse sammeln und verstecken. Wer kann sich das denn alles merken? Hoffentlich finde ich die im Winter auch wieder. Hoffentlich kommt nicht der Nachbar und klaut mir alle. Und furchtbar eintönig ist dieses Leben, ich möchte mich so gern mal selbstverwirklichen. Immer das Gleiche, jeden verdammten Tag. Und wer dankt es mir, dass ich mich so abmühe? Die anderen Eichhörnchen haben es bestimmt viel leichter als ich. Was sagen nur die anderen, wenn meine Nüsse geklaut werden, weil ich sie nicht gut genug versteckt habe, oder ich das Versteck im Winter vergesse … Vielleicht musst du selbst gerade schmunzeln, die Gruppe zumindest brach in Gelächter aus und erkannte sich zum Teil selbst wieder. Ja, warum eigentlich machen wir uns das Leben selbst so schwer? Wohlgemerkt NUR zwischen unseren eigenen Ohren.

Vieles davon stammt – wie schon erwähnt – aus unserer Kindheit. In der Zusammenarbeit mit verschiedensten Kundinnen wurde mir ein Muster klar. Stellen wir uns mal kurz vor, Menschen kämen mit einem Bauplan auf die Welt und jeder wäre für einen bestimmten Haustyp vorbestimmt. Das Haus eines Elternteils ist zum Beispiel ein Hochhaus. Also vermittelt dieser Elternteil dem Kind (in bester Absicht), es sei wichtig, Fenster zu putzen. Nach dem Motto: Papa sagt: „Schätzelein, du kannst im Leben nur gewinnen, wenn du immer schön fleißig Fenster putzt, weil Hochhäuser von außen glänzen müssen, da sie überwiegend aus Fenstern bestehen. Wenn die immer verdreckt sind, schaut das ganz furchtbar aus. Und das Haus kann nicht strahlen." Das sagen Eltern natürlich nicht explizit so, aber sie vermitteln uns

Kindern die Werte, die Denkmuster und Vorstellungen allein durch ihr Sein und Vorleben. Und als Kinder denken wir immer, was die Eltern tun, stimmt, denn sie sind groß, und ich bin das kleine Kind, also haben sie immer recht. Was lernt also dieses Kind in meinem Beispiel? Richtig. Ich muss immer schön fleißig Fenster putzen. Das Problem an der Sache ist jedoch, dass es sein kann, dass das Kind mit dem Bauplan einer Höhle auf die Welt gekommen ist. Was bringt mir jetzt die Kompetenz Fensterputzen? Vielleicht liegt es daran, dass ich mich immer so komisch fühle, dass mir nichts gelingt. Dass ich mich ständig anstrengen muss, aber dabei nicht gut fühle. Anderes Beispiel mit Höhlen-Eltern, die dem Kind erzählen: „Damit es in der Höhle schön ist, musst du fleißig Feuer machen. Immer schön Holz sammeln, fleißig nachlegen, damit das Feuer nie ausgeht. Das ist überlebenswichtig, wenn man in einer Höhle lebt!“ Jetzt hat dieses Kind aber vielleicht den Bauplan eines Iglus. Was passiert denn, wenn ich da die ganze Zeit Holz sammle und für das Feuer nachlege? Okay, du hast es sicher verstanden. Anhand dieses Beispiels ist auch mir bewusst geworden, dass meine Eltern Baupläne hatten, die nicht zu meinem passten. Hat daran irgendjemand Schuld? Nein. So ist das Leben. Und so ist mir klar geworden, wo all meine Probleme, meine Gedanken und Denkmuster herkamen, mir aber nicht weiterhalfen, sondern schadeten. Und in dem Moment, in dem ich es erkannte, konnte ich bereits loslassen. Das war so befreiend für mich.

Wir alle wissen insgeheim, wo es hakt und wo wir unsere „Baustellen“ haben. Ich wusste durchaus, dass ich bei meiner Familienkonstellation eine Therapie machen müsste. Aber ich hatte immer panische Angst davor. Angst, was für Dinge da hochkommen würden, dass das ganz schrecklich wäre, dass mich das so viel Energie kosten würde, und so bin immer weiter davor weggerannt. Erst als es fast zu spät war, wagte ich den Schritt, begab mich auf Ursachensuche und sah mir meine Kindheit und meine Denkmuster mal genauer an. Heute kann ich versichern: Es hat überhaupt nicht wehgetan. Ganz im Gegenteil, es war so befreiend. Es tun sich keine Abgründe auf, vor denen man Angst haben muss. Wichtig ist die Erkenntnis, dass wir unsere Gedanken aktiv steuern können.

Ich hatte vorher weder die Zeit und noch die Muse (oder sollte ich besser „den Mumm" sagen), mich mit mir selbst und meinen Gedanken zu beschäftigen. Was für ein Haus bin ich? Wofür bin ich eigentlich gebaut? Was haben meine Eltern damit zu tun?

Die befreiende Erkenntnis lag – in kurzen Worten zusammengefasst – darin, dass ich mir das letztlich alles allein „eingebrockt" hatte. Weil ich falsche Dinge für wahr hielt, und mich daher lieber über die Ungerechtigkeit der Welt ärgerte und mich wie ein Opfer der Umstände fühlte, statt aktiv selbst etwas daran zu ändern. Nämlich die Gedanken in Frage zu stellen und sie zum Teufel zu jagen. Im Nachhinein denke ich – wie bescheuert. Denn mich hatte schließlich niemand gezwungen, mir all diese Gedanken in den Kopf zu setzen. Das zu erkennen, ist gar nicht so einfach, denn es passiert vollkommen unbewusst!

Dein Kompass – Gefühle lügen nie!

Es gibt allerdings einen guten Trick, wie du herausfinden kannst, was in deinem Kopf ohne dein Einverständnis, ja sogar ohne dein Wissen gespeichert ist: Achte auf dein Gefühl! Nicht umsonst gibt es das Sprichwort „Gefühle lügen nie“. Das stimmt. Sie sind quasi wie ein Kompass zu deinen Gedanken. Automatisch entstehen bei negativen Gedanken (auch bei den unbewussten) unangenehme Gefühle. Und die können wir wahrnehmen, auch wenn der zugrundeliegende Gedanke so tief im Unterbewusstsein steckt, dass wir ihn nicht „hören“. Wir können jedoch unsere Aufmerksamkeit dafür sensibilisieren, wie es uns geht. Der Körper hat dafür tolle Tricks auf Lager, die sich auch in unserer Sprache widerspiegeln: Man hat einen dicken Hals, wenn man sich ärgert, einen Kloß im Hals, wenn man besorgt ist, oder etwas geht einem an die Nieren, man ist nah am Wasser gebaut, dünnhäutig, oder das Herz klopft einem bis zum Hals oder rutscht einem wahlweise in die Hose. Vielleicht muss man Dampf ablassen, weil sich etwas angestaut hat, oder etwas schlägt einem auf den Magen. Andere wiederum haben Wut oder Schmetterlinge im Bauch.

All diesen Gefühlen kann man seine Aufmerksamkeit schenken und dann darüber nachdenken, was dieses Gefühl ausgelöst hat. Meist kommt die Antwort sofort, manchmal dauert es ein bisschen. Die Antwort liefert einem den Grund. Der Grund kann banal sein: Zum Beispiel mein Herz rast, weil mir jemand gerade die Vorfahrt genommen hat und es beinahe einen Unfall gegeben hätte. Oder dem Gefühl steckt etwas Unbewusstes zugrunde.

Auch hier wieder ein Beispiel: Das eigene Kind hat einen Tobsuchtsanfall an der Supermarktkasse, weil du darum gebeten hast, etwas wieder ins Regal zu räumen. Die Menschen in der Schlange drehen sich entrüstet um. Vielleicht bekommst du einen roten Kopf. Von außen ist kein Grund erkennbar, warum das entrüstete Umdrehen dieser Menschen ein negatives Gefühl in dir erzeugen sollte. Aber es ist ein wunderbarer Hinweis auf ein Thema, das dir bisher nicht bewusst war.

Mir hat nie jemand gesagt, dass ich das Problem meiner Eltern wäre. Zurecht wirst du jetzt vielleicht anmerken, dass ich doch viel zu klein war, um mir dessen bewusst zu sein. Das stimmt. Aber wann ist der richtige Moment, um festzustellen, dass man sich völlig unnötige Gedanken in den Kopf gepflanzt hat? Manche haben vielleicht auch das Gefühl, dass andere daran schuld sind, etwa die Kinder, die meine Kundin am Schulhof hänselten. Oder ein Lehrer, der einem sagte: „Du wirst es nie zu etwas bringen, aber es muss ja schließlich auch Handwerker geben.“

Gedankenhygiene – Wie du lernst, deine Gedanken zu reinigen

Wenn auch du bei der Überprüfung deiner Gedanken auf eine solche Situation in deiner Vergangenheit stößt, kann folgende Fragetechnik hilfreich sein:

Fällt dir vielleicht wieder ein, wer oder was diese Glaubenssätze in deiner Vergangenheit ausgelöst haben? Mama, Papa oder Oma?
Was hättest du dir stattdessen lieber gewünscht?
Mehr Zuspruch, mehr Rückendeckung, mehr Zuneigung?
Welche Erwartung hattest du?
Wie realistisch war dieser Wunsch aus heutiger Sicht?
Was würdest du einer anderen Person mit diesem Gedanken raten?

Um die gewonnenen Erkenntnisse auflösen zu können, ist es im nächsten Schritt hilfreich, folgende Fragen durchzugehen:

Kennst du jemanden, der das heute so bestätigen würde?
Stimmt das, was du denkst, wirklich?
Was, wenn nicht?
Muss ich das zwingend so denken?
Gibt es ein Gesetz, das mich dazu zwingt?
Was, wenn ich mich nicht daran halte?
(Von roten Ampeln wissen wir ja, dass sich nicht immer alle daranhalten, obwohl es hier tatsächlich ein Gesetz gibt.)

Bestärkend kann man im nächsten Schritt konkrete Gegenbeweise für die alten Glaubenssätze finden. Im Beispiel der Kundin mit den Freudinnen: Hat sich eine der Freudinnen von ihr abgewendet, nur weil sie nicht gelikt und kommentiert hat: Nein!

Die Magie des Umdenkens – Die positive Kehrseite der Medaille

Man kann es sich aber auch leicht machen und direkt die Abkürzung nehmen. Mit der Methode des Umdenkens. Frage dich: Wie lautet die andere Seite der „Medaille“?

Eine Teilnehmerin meines Online-Kurses stellte die Frage, was sie tun könne, wenn sie sich immer zu viel aufhalse, weil sie nicht Nein sagen könne. Den Gedanken „Ich kann nicht Nein sagen.“ kann man direkt umdenken: Entweder, indem man sich sofort vorstellt, Nein zu sagen, oder, indem man Beispiele (Gegenbeweise) findet, bei denen man sehr wohl Nein sagen kann. Wann fällt es einem leicht? Vielleicht, wenn Kinder vor einer Hauptmahlzeit Süßigkeiten haben wollen. Außerdem kann man sich selbst beweisen, dass es ganz natürlich ist, Nein zu sagen. Jeder sprechende Mensch ist grundsätzlich in der Lage, ein Nein auszusprechen. Anatomisch hindert einen nichts dran. Eine weitere Kehrseite der Medaille des Gedankens Nein ist der Gedanke Ja. Daraus folgt, dass ein Nein zu einem anderen ein Ja zu mir selbst ist. Es steht mir zu, auf mich zu achten. Niemand hat etwas davon, wenn ich mir zu viel aufhalse.

Zudem half es ihr zu erkennen, dass der neue Gedanke „Ich darf Nein sagen." kein Egoismus ist. Dabei gewinnen alle! Denn im Gegenteil, es wirkt sich langfristig positiv für die Familie aus, wenn sie sich als Mutter nicht ständig verausgabt und irgendwann zusammenbricht.

Für den Fall, dass du für dich festgestellt hast, dass das Verhalten einer anderen Person bei dir zu einem Glaubenssatz geführt hat, unterstützt es den Prozess des Umdenkens, das Gehörte in einen neuen Kontext zu setzen (Beispiel meiner Großmutter), der Person zu verzeihen (Beispiel Schulfreundinnen) beziehungsweise mit der damaligen Situation (Beispiel Lehrer) Frieden zu schließen. Es gibt eine wunderbare Übung, um das auch nach vielen Jahren noch zu „neutralisieren".

Der Lebensrucksack – Wie du Glaubenssätze neutralisierst

Stelle dir vor, wie du all die Lebenserfahrung dieser anderen Person in einen Rucksack steckst. Was hat diese Person all ihr Leben wohl in ihrem Marschgepäck mit sich rumgetragen, dessen du dir nie bewusst warst. Bei einem Lehrer zum Beispiel kannst du das meiste gar nicht wissen. Stecke dennoch in den Rucksack, was dir alles in den Sinn kommt. Wenn es die eigenen Eltern waren, dann stelle dir vor, was sie als Kinder vielleicht erleben mussten (wie in Kapitel 2). Womit sie zu kämpfen hatten. Gehe das ganze Leben der Person durch. Und stelle dir vor, wie du alles in den Rucksack stopfen musst, damit er noch geschlossen werden kann. Stelle dir dann als nächstes vor, dass dieser Rucksack vor dir steht. Mit all den Erlebnissen, bei denen du nicht dabei warst. Frage dich abschließend, ob du dich vor dem Rucksack des Lebens dieser Person innerlich oder auch tatsächlich verneigen kannst?

Anschlussübung nach dem Lebensrucksack: Was ist der versteckte Vorteil?

Die Amerikaner haben ein geflügeltes Wort im Marketing, wenn es um eine Produktpräsentation geht. Man muss sofort erkennen: „What's in for me?" Zu Deutsch: „Was habe ich davon?" Vielleicht magst du für diese Übung stellvertretend einen echten Rucksack auf den Tisch stellen, um dann auf einem Block für dich zu notieren, wofür du dieser Person und ihrem Rucksack dankbar bist. Was hast du Gutes davon? Was konntest du von dieser

Person lernen? Wo hat sie dich wachsen lassen? Was kannst du erst heute positiv bewerten, weil du es noch nie anders betrachtet hast? Was war dir bisher verborgen, was ist ein sogenannter versteckter Vorteil, den du aus der Situation für dich mitnehmen kannst? Was wäre schlechter verlaufen, wäre es damals anders gewesen? Vielleicht empfindest du – nachdem du all das für dich herausgefunden hast – den Impuls, dem Rucksack gegenüber ein „Danke dir“ auszusprechen oder nur für dich zu denken.

Für den Fall, dass es kein Ereignis gibt, das sich in deinem Kopf eingeprägt hat, ist es vielleicht die Abwesenheit eines Verhaltens. Denkst du vielleicht, eine bestimmte Zuwendung nicht bekommen zu haben? Eine Teilnehmerin eines Gruppencoachings berichtete, sie hätte immer die Erwachsenenrolle für ihre Mutter eingenommen und sich schon als Kind für sie verantwortlich gefühlt, da die Mutter „zu unreif“ gewesen wäre, zu wenig Verantwortung übernommen hätte. Ich bat sie daraufhin, für sich aufzuschreiben, wie sich die Mutter in ihrem Wunschbild hätte verhalten sollen. Hätte sie in bestimmten Situationen anders auftreten sollen? Woran hätte sie festgestellt, dass die Mutter reif gehandelt hätte? Die Liste der Dinge, die ihre Mutter hätte tun sollen, bat ich sie dann abschließend zu Grabe zu tragen. Denn es hilft ihr nicht, sich weiter damit zu beschäftigen, dass die Mutter nicht so handelte, wie sie es sich gewünscht hätte. Das heutige Verhältnis zur Mutter würde sich selbst dann nicht ändern, wenn sie die Vergangenheit ändern könnte. Das Verhältnis besserte sich aber, nachdem sie die Vorstellungen der Mutter, die sie nie gehabt hatte, für immer vergrub. Sie trauerte bei dem „Begräbnis“, war danach aber frei, die Mutter, die sie immer gehabt hatte, so anzunehmen, wie sie war, und mit der Vergangenheit Frieden zu schließen. Sie erkannte, dass die Mutter ihr Bestes gegeben hatte und sie selbst glücklicher über ihre Kindheit sein konnte, als sie die unerfüllten Erwartungen für immer hinter sich lassen konnte. Sie war dankbar für den Lebensrucksack ihrer Mutter und dafür, was Positives daraus für sie erwachsen war.

Egal, was in der Vergangenheit passiert ist, es gib JETZT immer einen Grund im Leben, glücklich zu sein. Um dieses Denken unseren Kindern vorzuleben, ist es eine gute Idee, die Übungen aus diesem Kapitel spielerisch mit den Kindern durchzugehen. Statt des Lebensrucksacks kann man sich überlegen, was das Kind, das das jüngere Geschwisterkind ärgerte, wohl für Gefühle hatte, und diese in eine Tasche stecken. Oder falls das Kind traurig ist, etwas nicht bekommen zu haben, kann man mit ihm gemeinsam durchspielen, welchen versteckten Vorteil es beinhaltet, es nicht bekommen zu haben. Oder man kann gemeinsam die Trauer zum Ausdruck bringen, dass etwas nicht nach Wunsch gelaufen ist. Kinder sind sehr kreativ im Finden von Lösungen. Auch wir Eltern können gerade bei diesen Übungen von ihnen lernen, wie rasch sie Enttäuschungen verarbeiten können. Wie wertvoll ist es, wenn ihnen das positive Denken als die normalste Sache der Welt vorkommt.

Auf einen Blick

Es geht uns nichts an, was andere über uns denken. Wichtig ist allein, wie es uns geht. Tut uns ein Gedanke nicht gut: Weg mit ihm! Um unbewusste Gedanken zu erkennen, hilft es, nach unguten Gefühlen Ausschau zu halten. Dabei erkennen wir häufig, dass es nur alte Mücken sind. Stellen wir sie uns lieber wie im Film „Jurassic Park“ in Bernstein umschlossen vor. Holen wir sie nicht raus und erwecken Dinosaurier. Dabei kann es helfen, sich bewusst zu machen, dass jede Erinnerung anders bewertet werden kann und niemand etwas muss. Außer es steht in einem Gesetz. Suchen wir nach der positiven Kehrseite jeder Medaille, nach dem, was für uns drin war. Üben wir uns in Dankbarkeit dafür und verneigen uns vor dem Lebensrucksack jeder anderen Person.

4. KAPITEL

DER PROZESS DES UMDENKENS – WIE HÄTTEST DU ES GERN?

Nachdem ich in den vorangegangenen Kapiteln anhand verschiedener Beispiele dargelegt habe, dass ein Umdenken immer möglich ist, möchte ich dich in diesem Kapitel dazu ermuntern, es in verschiedenen Lebenssituationen auszuprobieren.

Die alles verändernde Frage lautet dabei immer: Wie hättest du es denn gern? Eine Situation nervt dich, ein Stau, ein blöder Kollege oder ein trotziges Kind. Da die Kraft der positiven Gedanken sogar Kranke heilen kann (Placebo ist nur einer der Effekte, der auch nachgewiesen werden konnte.), kannst du dir die Situation auch immer glücklich denken.

Bleiben wir bei dem obigen Beispiel: Der Stau nervt dich. Neuer Gedanke: Der Stau entspannt dich. Was könnte dich dabei unterstützen, dich zu entspannen? Du könntest die „gewonnene" Zeit, die du nun im Auto „gefangen" bist, positiv nützen. Du könntest jemanden anrufen, den du schon lange nicht mehr gesprochen hast. Du könntest schöne Musik hören, die dir Freude macht oder dich entspannt. Du könntest einen Podcast hören oder meditieren, solange das Auto stillsteht. Die Wahl liegt bei dir. Denn wir haben immer die Wahl, einen schlechten Gedanken in einen positiven zu verwandeln. Gleiches kannst du versuchen, während du an einer Supermarktkasse in der gefühlt schon wieder längsten von allen Schlangen stehst. Nutze die gewonnene Zeit für dich, statt dich über die Zeitverzögerung zu ärgern. Wie hättest du es gern, wenn ein blöder Kollege dich nervt? Du wünschst dir vielleicht, in ihm zu erkennen, dass er eigentlich nett ist, es nur gut meint, dass er nichts gegen dich hat, dass er andere Probleme hat, von denen du nichts weißt? Dann denke genau das!

Warum, wirst du dich vielleicht fragen. Ganz einfach, weil es sich viel besser anfühlt! Weil es dir viel besser geht, weil du viel glücklicher und zufriedener wirst. Ich finde einen besseren Grund kann es gar nicht geben! Denn du erinnerst dich vielleicht noch an Auftrag Nummer 1, warum wir überhaupt auf der Welt sind: um das Leben zu genießen und glücklich zu sein.

Ich stelle mir das Gehirn ein bisschen wie einen Kopierboy vor. Ich weiß gar nicht, ob es diesen Beruf überhaupt gibt, aber ich hab ihn erfunden, um es einer meiner Coaching-Teilnehmerinnen besser zu veranschaulichen. Sie war gerade dabei, ihr eigenes Business neben zwei kleinen Kindern zu gründen, und unzufrieden damit, nicht schnell genug voranzukommen. Entweder war das Baby krank, sie selbst oder das ältere Kind. Oder es gab technische Probleme. Oder keine

Klienten. Es gab immer nur den Gedanken: „Ich schaffe das nicht. Es klappt nicht.“ Erschwerend kam hinzu, dass ihr Mann ihr immer wieder versicherte, sie müsse das alles gar nicht tun. Er verdiene genug. Sie solle sich doch lieber ausruhen und langsam machen. Mir gegenüber berichtete sie, dass sie aber unbedingt etwas für sich machen wolle und für ihre Kunden. Sie brauche die Herausforderung, sich geistig zu betätigen und etwas Eigenes zu schaffen. Also erzählte ich ihr vom Kopierboy.

Der Kopierboy – Die Magie der Anziehung für positive Gedanken nutzen

Du kannst die Übung am besten gleich mitmachen. Stell dir vor, jeder Gedanke ist ein Blatt Papier, das in einem Postkörbchen landet. Kaum liegt ein Blatt im Körbchen, kommt der Kopierboy vorbei und macht sofort x Kopien davon. Also im Beispiel – Gedanke „Ich schaffe das nicht." – bringt der Kopierboy, seinen Auftrag sehr ernst nehmend, gleich 100 Kopien davon! Wenn er gut drauf ist und uns eine Freude machen will, bringt er 1.000 oder auch mal 10.000 Kopien! Hätten wir doch nur den Gedanken nie gedacht, das heißt ins Körbchen gelegt. Und genau das hat sie dann auch verstanden. Wenn sie sich nur damit beschäftigt, dass sie es nicht schafft, und ihr Mann der gleichen Meinung ist, und sie lieb gemeint auch noch darin unterstützt, ist der Weg zum Erfolg verbarrikadiert. Es liegen stapelweise Kopien der gleichen negativen Gedanken auf dem Weg. Ein negativer Gedanke schafft 100 weitere. Man könnte auch sagen, sie multiplizieren sich oder ziehen sich magisch an.

Die Magie des Anziehens, manche nennen es auch das Gesetz der Anziehung, können wir uns aber natürlich zu Nutze machen. Indem wir unsere negativen Gedanken einfach umkehren. Der Kopierboy erledigt seine Aufgabe glücklicherweise auch in die andere Richtung, in die der positiven Gedanken. Der Kopierboy guckt sich die Kopien nämlich vorher gar nicht an. Er ist nur darauf konzentriert, Kopien herzustellen. So viele wie möglich. Was drauf steht, ob es sich gut anfühlt oder nicht, nimmt er überhaupt nicht wahr. Vielleicht hilft dir die Vorstellung, dass er gar nicht lesen kann, was auf den Notizen steht.

Als meine Kundin in diesem Wissen begann, vermehrt positive Gedanken in das Körbchen zu legen, mehrten sich die positiven Gedanken. Die Qualität der Gedanken wandelte sich Schritt für Schritt, bis ihr Business auf eigenen Füßen stand und immer besser lief. Immer seltener kamen negative Gedanken hoch.

Du wirst jetzt vielleicht denken, dass es aber nun mal nicht wegzudenken ist, dass das Baby krank ist. Das stimmt. Aber die eigene Einstellung dazu ändert alles. Ist das Baby „schon wieder krank und legt mir Steine in den Weg", fühlt sich energetisch ganz anders an als „wenn es tagsüber dann mal schläft, widme ich mich einem Thema". Und diese Gedanken haben einen Schneeballeffekt, denn man fühlt sich selbst nicht mehr so hilflos, gewinnt an Zuversicht und findet für das Körbchen neue gute Gedanken, die der Boy unbedingt kopieren sollte.

Da wir Menschen keine Roboter sind, ist es natürlich nie möglich, gar keine schlechten Gedanken zu haben. Aber es gilt, die positiven zu mehren. Wie kann man aber einen Gedanken „zurückrufen", wenn einem bewusst wird, „aus Versehen" wieder für das falsche Körbchen gedacht zu haben?

Die Technik des Gedankenstaubsaugers – Wie du den Kopierboy austrickst

Mir hilft da die Technik des Gedankenstaubsaugers. Wir kennen sie alle, diese großen Staubsauger an der Autowaschstraße, mit dickem Schlauch, die – einmal angeworfen – alles aufsaugen, was nicht niet- und nagelfest ist. Ertappe ich mich dabei, einen negativen Gedanken gedacht zu haben und stelle das zum Beispiel anhand eines Gefühls des Unbehagens fest (wie in Kapitel 3 beschrieben), so stelle ich mir vor, eine Münze in den Staubsauger einzuwerfen und den Gedanken in Windeseile einzusaugen. Der Effekt des Gedankenstaubsaugers ist, dass ich dem negativen Gedanken dann keine weitere Aufmerksamkeit mehr schenken kann. Ich füttere ihn nicht. Der Kopierboy findet ihn nicht! So kann er keine weitere Energie aufnehmen und auch das unangenehme Gefühl wird nicht verstärkt. Wer jetzt findet, dass das ganz schön konstruiert ist, hat vielleicht recht, aber es ist unseren Gefühlen reichlich egal, wo sie herrühren, ob sie aufgrund einer realen oder surrealen Situation entstehen. Sie überprüfen die Richtigkeit der zugrundeliegenden Gedanken nicht. Wir können unser Gehirn, den Kopierboy, mit dieser Technik also austricksen. Hier wieder ein kleines Beispiel. Es wurden Blutproben von Menschen genommen, die sich Krimis im Fernsehen anguckten. Der Adrenalinspiegel war erhöht, obwohl die Probanden gemütlich auf ihren Sofas saßen. Das Gehirn kann nicht unterscheiden (wie der nicht des Lesens mächtige Kopierboy), ob die Todesgefahr surreal nur im Flimmerkasten oder real in unserem Wohnzimmer existiert. Es bereitet uns auf Flucht, Starre oder Angriff vor. Adrenalin wird ausgeschüttet.

Diesen – sagen wir mal – negativen Effekt kann man im umgekehrten Fall auch positiv belegen. Lachen macht gesund. Daher gibt es Klinikclowns für kranke Kinder und in Indien sogar eine Klinik, die ihre Patienten mit einer Lach-Yoga-Therapie kuriert. Die Erfolge sprechen für sich. Warum sollten wir dann also die Staubsaugermethode für albern halten und nicht einfach mal ausprobieren. Was haben wir zu verlieren? Es kostet uns nichts, beschert uns aber vermutlich ein deutlich besseres Lebensgefühl.

Der Gedankenscanner – So haben schlechte Gedanken keine Chance

Die Kunst, die Gedanken herauszufiltern, die man wegsaugen möchte, bedarf natürlich einiger Übung. Wer bereits Erfahrung mit Meditation und Achtsamkeit hat, dem fällt es sicherlich leichter, aber ich möchte in diesem Buch Verbesserungsvorschläge machen, die du sofort umsetzen kannst und nicht erst dann, wenn du deine Gedanken nach langem Üben steuern kannst. Zudem ist es im Alltag des Familienlebens gar nicht so leicht, ständig konzentriert seiner eigenen Gedanken gewahr zu sein. Daher habe ich mir hier eine Methode überlegt, die ich Gedankenscanner nenne. Die Übung geht wie folgt. Ich suche mir eine Tätigkeit, Begebenheit, die täglich mehrmals vorkommt. Zum Beispiel das Öffnen einer E-Mail, der Blick auf das Smartphone oder auf die Uhr oder, falls du viel im Internet unterwegs bist, jedes Mal, wenn du eine neue Seite aufrufst und diese für einen kurzen Moment lädt. Wenn du viel Auto fährst, bei jeder Ampel und so weiter. Im folgenden Schritt scannst du, quasi wie der Lichtstrahl eines Scanner-Geräts, deine aktuellen Gedanken. Stell dir vor, ähnlich wie ein Metalldetektor, muss der Strahl die schlechten Gedanken finden, die es aufzusaugen gilt. Hast du einen Gedanken gefunden, dann versuche ihn wie bereits oben beschrieben wegzusaugen oder umzudenken. Was ist die Kehrseite der Medaille, was ist der versteckte Gewinn?

Belohne dich am Ende einer jeden Gedankenscanner-Runde damit, stolz auf dich zu sein, dran gedacht zu haben. Vielleicht magst du lächeln oder dich einfach innerlich freuen. Dein Gehirn wird die Verknüpfung von „Ich führe den Gedankenscanner durch." und „Ich werde danach mit Freude belohnt." positiv abspeichern, sich dadurch gerne merken und, was noch wichtiger ist, dich beim nächsten Blick auf die Uhr gern daran erinnern, die Übung von Neuem zu starten. Es will wieder belohnt werden. Sei stolz auf dich und freue dich, ganz egal, ob der Scanner auch fündig geworden ist und es etwas zu saugen gab oder nicht. Es geht hier primär darum, eine Übung darin zu entwickeln, Gedanken aufzuspüren und sie dann erst umzudenken oder aufzusaugen.

Eine Freundin äußerte kürzlich Bedenken, da sie Angst habe, beim Scannen ins Grübeln zu kommen, warum sie die Gedanken hatte. Gegenfrage: Hilft das beim Glücklichsein? Wir haben ja schon gelernt, dass uns unsere Gedanken nicht zwingend dienlich sind. Warum dann über die Gedanken grübeln, das ist ja wie die Quadratur des Kreises. Das Runde wird nie ins Eckige passen. Und Gedanken werden durch Gedanken darüber nicht besser. Ausspucken, wegsaugen oder die positive Kehrseite – „What's in for you?" – finden.

Der imaginäre Konferenztisch – Lass dich von deinen engsten Vertrauten unterstützen!

Eine weitere gute Übung, Gedanken umzudenken, ist die des Konferenztischs. Vielleicht gibt es einen Gedanken, der dich schon seit einiger Zeit beschäftigt und den du trotz Kehrseite der Medaille, Kopierboy, Gedankenscanner und Staubsauger bisher nicht ändern konntest.

Stelle dir bei dieser Übung vor, alle Menschen in deinem Leben, die es absolut gut mit dir meinen, egal ob sie noch leben oder nicht, versammeln sich an einem Konferenztisch, wie wir ihn aus amerikanischen Serien kennen. Du leitest in Gedanken die Konferenz und erörterst das Problem, dem du nichts Positives abgewinnen kannst. Jeder Teilnehmer hat sodann das Wort. Schreibe für dich auf einen Zettel, was jeder Einzelne zu sagen hat. Beginne die Notiz mit dem Namen der Person. Was wird dir die Person angesichts ihres Lebensrucksacks und ihrer Sichtweise dazu sagen? Halte mit nichts hinter dem Berg. Vergiss dabei nicht, dass sie alle nur dein Bestes wollen. Wenn du mit der Übung fertig bist, kannst du vielleicht bereits mit den „Tipps" dieser liebenswerten Menschen die Situation umdenken oder in einem anderen Licht wahrnehmen. Vielleicht hilft es dir auch, das Geschriebene mehrfach oder immer wieder mal durchzulesen. Ich habe zudem gute Erfahrungen damit gemacht, meine Kursteilnehmerinnen zu ermuntern, sich die Notizen laut vorzulesen und gegebenenfalls auch wie eine Art wärmenden „Gedankenmantel“ für die Zukunft an einem schönen Ort aufzubewahren, wie zum Beispiel im Nachtkästchen. Vielleicht hast du den Zettel auch lieber im Portemonnaie stets bei dir. Andere haben sich die Notiz mit der Sprachfunktion des Smartphones als Audio gespeichert und hören sie bei Bedarf immer wieder an.

Die Opernglas-Übung – Wie du lernst, den richtigen Abstand zu Problemen zu gewinnen

Abschließend habe ich noch eine weitere Übung für den Prozess des Umdenkens für dich, wenn die anderen Methoden alle nicht geholfen haben. Vielleicht, weil das Thema dir einfach zu groß dafür vorkommt. Ich möchte dich an dieser Stelle aber daran erinnern, dass ich mir damals im tiefsten Loch auch nie hätte vorstellen können, „nur“ Kraft des Umdenkens rauszukommen. Dass ich überhaupt jemals aus dem Loch kommen würde, schien mir allein schon völlig unmöglich! Und dennoch ist es mir gelungen und daher erlaube ich mir zu sagen, dass der Prozess des Umdenkens in jeder Situation helfen kann. Sei sie objektiv betrachtet noch so ausweglos. Wenn ich das geschafft habe, schaffst du es auch.

Stell dir für diese Übung vor, du wärst im Theater oder in der Oper. Das Stück, das aufgeführt wird, ist Stellvertreter für das aktuelle Problem oder den aktuell negativen Gedanken, den du nicht drehen oder wegsaugen kannst. Mir selbst ist es schon viele Male passiert und so bin ich überhaupt auf die Idee zu dieser Übung gekommen, dass ich – als ich mir die Gesichter der Schauspieler und Sänger näher ansehen wollte – das Opernglas falsch herum hielt. Alles wurde viel kleiner statt größer. So können wir auch den Gedanken betrachten. Meist sind wir viel zu nah dran, haben möglicherweise sogar eine Lupe gewählt, um das Thema noch viel näher und größer vor Augen zu haben. Hast du schon mal versucht, durch eine Lupe normal nach vorne zu gucken oder mit einem Fernglas fernzusehen? Genau: Es verzerrt, ein normaler Blick ist nicht möglich. Mit der Opernglas-Übung möchte ich dir verdeutlichen, dass es sein kann, dass das Thema bisher verzerrt betrachtet wurde. Möglicherweise hilft dir aber auch der Gedanke, das Opernglas absichtlich falsch herum zu halten, um Abstand zu gewinnen. Das Thema gedanklich ganz bewusst kleiner zu machen. Überlege dir, wie würde sich die Situation anfühlen, wenn du innerlich Abstand hättest. Wenn du das Thema gedanklich schrumpfen lassen könntest. Was wäre dann möglich? Wie würde es dir dann gehen? Ich konnte eine enorme Verbesserung erkennen. Daher fragte ich mich im Anschluss, was mich daran hindert, diese Verkleinerung oder diesen inneren Abstand nicht einfach für mich auch gedanklich umzusetzen. Was würde mir dabei helfen, Abstand zu gewinnen? Wie könnte ich das Problem „verkleinern"? Hilfreich finde ich da immer Vergleiche mit größeren Problemen, wie wir sie in der Welt und den Nachrichten immer finden können. Manchmal ist es sehr heilsam, die eigenen Gedanken und Probleme zu relativieren, sozusagen ohne eigenen Filter anzugucken. Alles, was mir guttut, ist doch erlaubt. Erinnere dich an unseren Lebensauftrag Nummer 1, der lautet, glücklich zu sein und das Leben zu genießen.

Abschließend möchte ich dir ein paar Fragen stellen – es ist dieses Mal keine Übung –, um Abstand zu den eigenen Gedanken zu gewinnen. Ich kenne den Einwand – „Aber ich kann meine Gedanken doch nicht beeinflussen, ich bin doch meine Gedanken!" – nur zu gut.

Fast alle Menschen verwechseln sich selbst mit ihren Gedanken. Und das ist schon die ganze Misere. Hier nun der Beweis, dass du nicht deine Gedanken bist:

Wer bemerkt eigentlich, dass du einen Ohrwurm hast? Wenn du deine Gedanken wärst und sie direkt dir entspringen würden, könntest du dem Ohrwurm ja die Tür weisen. Er müsste dann sofort aufhören zu singen. Warum aber funktioniert das nicht? Weil unser Verstand, unser Gehirn häufig wie ein wild gewordener Affe herumturnt und uns das Lied immer wieder vorsingt (wie der Kopierboy mit den Kopien). Ob wir das wollen oder nicht. Daher die Frage: Wenn du nicht deine Gedanken bist, wer bist du dann? Wer oder was „hört" überhaupt den Ohrwurm? Dein wahres Du!

Auch in der Partnerschaft gibt es so manche Mücke (wilden Affen), die wir unbewusst zum Elefanten im Raum machen, statt ihr einfach keinen Glauben zu schenken oder uns damit nicht weiter zu identifizieren. Wie schon mehrfach ausgeführt, wir sind nicht unsere Gedanken (und auch kein Ohrwurm). Vielleicht habe ich dich mit obigem Beispiel überzeugen können. Lass uns nun die Kunst des Umdenkens in deinen einzelnen Lebensbereichen anwenden!

Auf einen Blick

Beim Ausmisten unserer Gedanken gibt es eine Vielzahl an Helfern. Der Kopierboy, der sehr gern Kopien erstellt, ist einer davon. Unsere Aufgabe ist es, ihm die richtigen Gedanken zur Verfügung zu stellen und die falschen wegzusaugen, nachdem der Scanner sie entdeckt hat. Wir können eine Konferenz einberufen und uns wohlwollende Tipps anderer merken oder das Opernglas absichtlich falschherum halten. Letztlich wissen wir, dass wir es zwar sind, die den Song des Ohrwurms hören können, dass ihn aber jemand anderer singt.

5. KAPITEL

ELTERN SEIN, PAAR BLEIBEN – EIN TEAM ZIEHT AN EINEM STRANG

Gemeinsam sind wir stark! – Zum Wohl der Kinder in die gleiche Richtung blicken

Ohne Paare keine Kinder, ohne Kinder keine Familie. In diesem Kapitel geht es darum, wie wir in der Partnerschaft glücklich denken oder umdenken können und nicht darum, ob die Eltern grundsätzlich ein Paar oder eventuell bereits getrennt sind. Es kann sein, dass sich Paare einander wieder zuwenden, wenn sie einige meiner Ideen anwenden, oder alle mit der etwaigen Trennung besser leben können. Wie dem auch immer sei, es gibt eine gemeinsame wichtige Verbindung und die ist das Kind. Wie ein Regenbogen, der den Himmel von der einen Seite zur anderen umspannt, auch wenn dazwischen eine Straße oder ein Fluss ist. So stelle ich mir bildlich diese Verbindung vor. Diese wertzuschätzen und zu kultivieren, fördert das Glück der Kinder ungemein. Ich sage nicht, dass es unmöglich ist, das alleine zu schaffen, wie es meine Mutter tat, aber wie so vieles im Leben gelingt es im Team meist besser. Gar nicht vorzustellen, wie es gewesen wäre, hätten meine Eltern an einem gemeinsamen Strang gezogen. Ich sage das ohne jede Reue, wie du aus den vorherigen Kapiteln schon weißt. Aber du weißt auch, dass ich meinen Kindern die kräftezehrende Auseinandersetzung mit ihrer Kindheit als Erwachsene später ersparen möchte. Und das möchtet ihr – du und der Vater deiner Kinder – vermutlich auch. Auch bei „intakten“ Familien gilt: Streitereien zwischen den Eltern haben Kindern noch nie geholfen. Und den Eltern, die ein Paar bleiben wollen, auch nicht. Das Bild vom Regenbogen übertrage ich im nächsten Schritt gern auf einen Strang, der beide Enden vereint. Damit es der ganzen Familie gut geht, ist es wichtig, gemeinsam am Strang zu ziehen und nicht an den unterschiedlichen Enden. Kein Tauziehen. Kein Kräftemessen.

Überlege dir mal, wie die aktuelle Situation bei dir aussieht. Wird an einem Strang gezogen?

Das ist kein Moment der Abrechnung mit dem Partner. Nichtsdestotrotz rutschen wir häufig in dieses Fahrwasser der eigenen Verteidigung. Angriff ist manchmal die beste Verteidigung. So können wir den Regenbogen zueinander nicht spannen. In diesem Kapitel geht es drum, die gleiche Blickrichtung zu entwickeln. Auch hier gilt wieder: Was helfen uns alte Geschichten, die wir uns erzählen? Ich als Mutter weiß, wie schnell wir da in eine Falle tappen, die wir uns nicht ausgedacht haben. Ich musste zu meinem eigenen Erschrecken feststellen, dass ich bei manchen Themen automatisch dachte, das kann ich als Mutter „natürlich“ viel besser. Aber wer hat denn je gesagt, dass Elternsein ein Vergleichen und Wettkampf ist? Und was heißt da überhaupt „besser“? Wie und vor allem wer würde das messen? Manchmal sind wir Frauen schneller, weil wir mehr Übungszeit mit den Kindern hatten. Aber woran liegt das wiederum? Daran, dass wir häufig mehr Zeit mit den Kindern verbringen. Aber heißt das automatisch, dass ich es deswegen besser weiß? Nach der Technik des Umdenkens kann man auch diese Aussage umdrehen. So können wir Mütter uns fragen, ob wir den Vätern überhaupt genug Möglichkeiten einräumen, es auch zu lernen, ihre Erfahrungen zu machen. Und wie wir es anstellen können, uns mehr zurückzuhalten. Kinder brauchen beide Eltern, das ist nichts Neues. Insbesondere in einer Welt, in der immer noch überwiegend Frauen in Krippen und Kindergärten arbeiten und in den Grundschulen überwiegend Lehrerinnen unsere Kinder unterrichten, dürfen wir Mütter uns gern selbst mal fragen, ob unsere Kinder ausreichend Zeit mit dem anderen Geschlecht verbringen. Das ist nicht nur für Jungs wichtig. Für diese gilt es aber besonders. Auch wenn Mamas es doof finden, wenn die Kids mit dem Papa vor dem Zubettgehen noch herumtoben, warum denn eigentlich nicht? Gönnen wir beiden doch den Spaß! Fördern wir nicht wieder Gedanken für den Kopierboy, sondern erkennen wir den Nutzen für uns darin. Das Gleiche gilt natürlich umgekehrt auch für Väter. Kein Grund, traurig zu sein, wenn das Kind sich wehtut und vielleicht nur von der Mama ein Pflaster haben möchte. Statt darin eine Ablehnung der eigenen Person zu sehen, kann man den Gedanken auch umdenken: „Wie schön, dass mein Kind sich traut, offen seine Wünsche zu äußern. Das hat mit mir als Person nichts zu tun." oder „Wir sind ein gutes Team, ich halte mein Kind und die Mama macht das Pflaster drauf." Teamwork. Kein Platz für verletztes Ego. Auf keiner Seite. Für uns als Eltern hat es sich auch bewährt, uns im Nachhinein – das heißt nicht vor den Kindern – liebevoll und freundlich Feedback zu geben. So wie wir das häufig aus Anstellungsverhältnissen kennen und uns mehr konkretes, wertschätzendes Feedback wünschen, um unsere Ergebnisse im Beruf zu verbessern, können wir uns auch als Eltern gegenseitig unterstützen, da vier Augen einfach mehr mitbekommen. Vor allem, wenn einer gerade mehr involviert und der andere in einer neutralen Beobachterrolle ist. Wichtig ist in diesem Zusammenhang, dass man neutral beschreibt, was man gesehen hat, nicht was man gefühlt hat. Wir erinnern uns, den Gefühlen liegen Gedanken zugrunde und diese können sehr unterschiedlich sein. Beim Ziehen an einem Strang geht es nicht darum, in irgendeiner Sache Recht zu behalten oder dem anderen etwas vorzuwerfen. Nur gemeinsam sind wir stark, lautet das Motto. Zuvor sollten die Eltern dazu die Verabredung treffen, sich gegenseitig wohlwollende Sparringspartner zu sein. Ungefragtes Feedback mögen wir von den Kollegen im Büro auch nicht, daher ist so eine Verabredung absolut empfehlenswert. Sich gegenseitig zum Wohle der Kinder zu coachen und zu verabreden, gemeinsam an einem Strang zu ziehen, ist sehr wertvoll. Ich kann nur allen Eltern dazu raten, sich dazu mal zu unterhalten. Lehnt der andere ab, bitte nicht vergessen umzudenken!

Ich hatte in der Zeit nach meiner Gesundschreibung die Gelegenheit, meine „neuen" Erkenntnisse auch in diesem Lebensbereich einzusetzen. Mein Mann hatte auf einmal eine Frau an seiner Seite, die ganz anders tickte. Die Dinge anders sah und auf alte Situationen neu reagierte. Das verunsicherte ihn sicherlich und er hatte manchmal schlechte Laune mir gegenüber. Wir erinnern uns: Das Gehirn liebt keine Veränderungen. Zunächst fiel ich in alte Gedankenmuster zurück: „Ja freut er sich denn gar nicht, dass ich wieder gesund bin? Möchte er lieber die alte Giulia im Loch zurückhaben?" Das wollte er natürlich nicht! Aber er hatte meinen mentalen Prozess ja nicht durchlebt, sondern das hatte ich nur für mich alleine. Und ich konnte ihm das Umdenken nicht beibringen. Das kann jeder nur für sich selbst wollen und dann umsetzen. Also dachte ich auch hier wieder um: Statt mich über sein Unverständnis zu ärgern, begriff ich, dass ich nicht verlangen konnte, dass er das sofort versteht und applaudiert. Dass er die gleiche Zeit braucht wie ich. Ich zeige ihm unverändert, dass ich im Herzen und in unserer Verbindung immer noch die Gleiche bin. Auch wenn ich vieles inzwischen anders bewerte, haben wir immer noch die gleichen gemeinsamen Werte für uns als Paar und für unsere kleine Familie. Wir ziehen an einem Strang, auch wenn wir nicht immer einer Meinung sind. Auch heute noch hält er meine Kunst des Umdenkens – so glaube ich zumindest – für ein Hirngespinst. Nehme ich es ihm übel? Aber, nein! Was nützt es, ihn belehren zu wollen? Ich liebe ihn und ich bin nicht zuständig für seine Gedanken. Das kennst du ja inzwischen schon und das gilt auch und ganz besonders für Paare.

Das Teamgespräch – Wie ihr als Familie eure gemeinsamen Werte findet

Als Einstieg für ein solches Teamgespräch eignet es sich, so wie ich es auch in meinen Kursen anleite, über die gemeinsamen Werte der Familie zu sprechen. Das geht folgendermaßen:

Jeder Elternteil notiert auf einem Blatt Papier, was für ihn die wichtigsten Werte für die Familie sind. Notiert alles, was euch in dem Zusammenhang besonders wichtig ist. Was sollen die Kinder mitnehmen, welche Werte sollen sie begleiten, sollen sie bestenfalls auch für sich übernehmen? Wenn beide mit dem Aufschreiben fertig sind, werden die Blätter getauscht. Jetzt stellt jeder dem anderen dessen Werte vor. Das ist ein kleiner psychologischer Trick, den ich in diese Übung eingebaut habe. Wenn ich jemandem dessen Notizen vorstelle, muss ich sie ja ein Stück weit verinnerlichen und mir zu eigen machen. Und das können wir mit dieser Übung sehr gut erreichen. Wir denken uns sozusagen sofort in die Werte des anderen, sodass gar kein Umdenken unsererseits mehr erforderlich ist. Im nächsten Teil dieser Übung geht es darum, gemeinsame Nenner zu identifizieren. Zu welchen Werten passen die Formulierungen des anderen, wo ergänzen sie sich? Gibt es einen Überbegriff, der die Werte zusammenfasst?

Als Nächstes geht es um die Frage: Wo sind wir uns nicht einig? Auch hier hilft wieder die Magie des Umdenkens, es geht darum, ein verbindendes Element für diese zunächst gegensätzlich aussehenden Werte zu finden. Geht es vielleicht um die Gesundheit der Kinder als Oberbegriff? Die gefundenen Gemeinsamkeiten und Werte werden auf ein gemeinsames Blatt geschrieben. Für ein bisschen Spaß und Kreativität schlage ich gerne folgende Zusatzübung vor: Aus Zeitschriften, Zeitungen können schöne Bilder, die mit dem Wert assoziiert werden, ausgeschnitten werden, ein Strand, ein Waldweg, was auch immer. In einer Collage werden die Familienwerte bildlich dargestellt. Je nach Alter der Kinder können sie gerne helfen, kleben, ausschneiden, etwas an den Rand schreiben, verzieren. Das Gemeinschaftskunstwerk kann eingerahmt an einem prominenten Platz im Haus aufgehängt werden.

Je nach Alter der Kinder macht es natürlich auch absolut Sinn, den Kindern die Werte vorzustellen, zu erklären und sie um Ergänzung zu bitten. Sodass auch die Kinder spüren, dass ihr gemeinsam an einem Strang zieht, dass sie wissen, was den Eltern wichtig ist und ihre Meinung miteinfließen kann.

Stärke das Band der Liebe! – Die positiven Eigenschaften des Partners jederzeit vor Augen haben

Wenn mit den Familienwerten eine gedankliche Basis festgelegt wurde, gucken wir uns im nächsten Schritt mal die Beziehung als solche an. Denn wir sind nicht nur Eltern und haben als solche gemeinsame Vorstellungen zum Familienleben, sondern sind oder waren auch ein Paar.

Mit der Zeit – ich glaube das gilt für alle Paare, aber vielleicht vor allem für Eltern – gerät das Paarsein und die initiale Liebe, die da am Anfang war, im Trubel des Alltags und des Rennens im Hamsterrad in Vergessenheit. Wenn es diese besondere Verbundenheit von diesen zwei Menschen nicht gegeben hätte, gäbe es heute keine Familie.

Und wenn ich bereits weiter oben in diesem Kapitel von einem Regenbogen gesprochen habe, so bitte ich dich jetzt an ein Band, das euch verbindet, oder an starke Wurzeln der Familie zu denken. Es geht alles viel leichter von der Hand, wenn man sich daran erinnert, dass man sich in diesen Partner verliebt und für diesen Partner entschieden hat. Selbst wenn man heute getrennt ist. Es hat einst Gründe gegeben, warum du dich für diesen Partner entschieden hast. Aber es kann eben sein, dass das mal mehr, mal weniger in Vergessenheit gerät. Man hat als Eltern so viel um die Ohren, dass das leider ganz normal ist. Also wollen wir das jetzt mal wieder ins Aktivgedächtnis holen. Und deswegen ist dieses (ursprüngliche) Band der Liebe wichtig.

Was, wenn es jetzt aktuell aber mehr kracht, kriselt, man genervt ist, sich angiftet oder was auch immer?

Dann hilft folgendes Vorgehen: Dieses Mal ist es kein Umdenken, sondern quasi ein Zurückdenken. Mach dir bitte eine Liste mit all den positiven Eigenschaften deines Partners. Und da gibt es eine Menge. Glaub mir! Sonst hättest du dich damals doch nicht für diesen Menschen entschieden.

Das ist jetzt nichts, woraus du eine Collage machen musst. Aber vielleicht ein toller Liebesbeweis zum nächsten Geburtstag oder einfach spontan. Du kannst es wieder einrahmen oder vortragen oder in einem Umschlag übergeben. Das wird sicherlich eure Verbundenheit, euer Band stärken. Bei getrennt lebenden Eltern kann es auch retrospektiv ein schönes Zeichen sein. Oder aber auch nur einen Platz in deinem Nachtkästchen finden.

Für den Fall, dass du dir diesen Schritt noch nicht vorstellen kannst. Hier geht es erst einmal darum, dass du dich daran erinnerst und dir wieder vor Augen führst und spürst, welche positiven Eigenschaften diese Person hat, die möglicherweise ihre Socken rumliegen lässt oder die Zahnpasta-Tube falsch zudreht. Ist das etwas, worüber du dir Gedanken machen möchtest und woran du das Zusammenleben, das Glück der Familie, dein eigenes Glück festmachen möchtest? An solchen Nickligkeiten? Ich glaube, das möchten wir vom anderen ja genauso wenig. Denke darüber nach, nachdem du dir diese Liste gemacht hast. Ich selbst ertappe mich immer wieder dabei, dass ich versuche, den anderen zu ändern. Ich hätte zum Beispiel gern, dass die Gabeln immer in der richtigen Besteck-Schublade sind. Wie unsinnig, wenn ich doch den wirklich besten Mann der Welt geheiratet habe. Ich lache über mich selbst. Was hat unser Glück mit Besteck zu tun? Es bringt gar nichts. Ich habe mich in die Person verliebt, wie sie ist, egal wo sie Gabeln hinlegt oder ob sie Zahnpasta-Tuben richtig zudreht oder Socken sortiert oder eben nicht. Vergleiche das mal! Im Vergleich zur Liebe ist das doch so klein, wie ein winziges Sandkorn im Vergleich zu allen Stränden dieser Welt. Wann immer du dank des Gedankenscanners (oder eines unguten Gefühls) feststellst, Blödsinn zu denken, wenn du dich dabei ertappst, zu kritisieren, wenn auch nur in Gedanken, erinnere dich an all die Punkte der positiven Liste. Im Rahmen elterlicher Aufgabenverteilungen handeln wir selbst sicherlich auch nicht immer so, wie es sich der andere wünscht. Wollen wir selbst deswegen kritisiert werden?

Es gibt noch einen weiteren Aspekt, den ich in diesem Zusammenhang ansprechen möchte. Bitte sprich vor Dritten immer nur gut von deinem (Ex-)Partner! Erstens psychologisch gesehen: Wenn du dich selbst nur mit den positiven Dingen beschäftigst und diese benennst, sickert das automatisch auch in dein Unterbewusstsein (positive Kopiervorlagen). Zweitens: Die Kinder hören alles. Drittens: Die Kinder lernen für ihre weiteren Beziehungen, wie wichtig es ist, positive Eigenschaften zu benennen. Das gilt übrigens für jeden Menschen, über den man spricht, wenn er nicht dabei ist. Sprich stets positiv über andere Menschen! Es ist zu deinem eigenen Glück.

Ein kurzer Exkurs für Mütter, die sich angesichts der Fülle an Aufgaben, die sie für die Familie übernehmen, zu wenig wertgeschätzt fühlen: Häufig beschweren sich Mütter über ihren Partner, dass er sich nie bedankt und ihre Arbeit nicht wertschätzt. Wenn du das Geschirr aufräumst, wenn du die Kinder vom Kindergarten, von der Schule abholst, wenn du Wäsche wäschst, überlege dir, für wen und warum du das alles machst. Wer muss dir dafür dankbar sein? Muss dir jemand dafür dankbar sein? Wer hat entschieden, es zu machen? Im Sinne des Umdenkens hilft es enorm, sich vor Augen zu führen, dass man diese Aufgaben nicht für eine bestimmte Person macht, sondern für die Familie. Weil man es selbst so entschieden hat. Aber nicht, um dafür Dank zu ernten. Das wäre sowohl ein schlechter Motivator als auch Zeugnis eines falschen Egos. So kann man umdenken und fühlt sich nicht „schlecht behandelt", weil der Dank ausbleibt. Möglicherweise räumst du auch für dich selbst auf, weil DU es gerne ordentlich hast. Es ist deine freie Entscheidung. Ich liebe den folgenden Satz: „Alles, was du heute hast (und damit sind keine Besitztümer gemeint, sondern was du in deinem Leben machst), ist die Summe deiner bisherigen Entscheidungen." Solange man selbst am Steuerrad des Lebens sitzt, kommt man auch nicht in den Teufelskreis der Unzufriedenheit. Daher räume ich viel lieber die Wäsche zusammen, wasche die Wäsche, weil ICH möchte, dass die Wäsche so gewaschen ist, wie ich das mache. Dann landet auch kein schwarzer Socken drin (und wenn doch, hilft wieder Umdenken).

Ja, ja, ich höre sie schon, die Einwände. „Ja aber so kann man das doch nicht sehen. Ich muss doch aufräumen!", willst du mir vielleicht antworten. Musst du wirklich? Lies gern nochmals die Fragen in Kapitel 4 zum Thema Gedankenhygiene durch!

Walk in my shoes! – Wie es dir gelingt, dich in die Situation des anderen hineinzuversetzen

Ein weiterer wichtiger Punkt für Eltern ist es, zuzuhören und den anderen ausreden zu lassen. Das gilt natürlich für jede Art von Beziehung. Ich gestehe ganz offen, auch mir gehen häufig die Gäule durch und ich will unbedingt noch was loswerden oder gleich einen Einwand einschieben. Stopp! Versuche es für dich zu erkennen. Manchmal hilft es, sich mit dem Partner zu verabreden, dass der andere einen darauf aufmerksam macht, wenn man wieder zu schnell war. Vielleicht verabredet man dafür einen gemeinsamen Geheimcode wie Blinzeln oder so.

Erst wenn wir dem Gegenüber wirklich aktiv zuhören, das heißt mit voller Aufmerksamkeit und voller Aufnahmefähigkeit, ist es uns möglich, uns in den anderen hineinzuversetzen. Häufig sind wir selbst so gefangen in unserer Welt, in unseren Gedankenmustern (an denen wir schon gearbeitet haben), wir drehen uns in unserer Gedankenwelt häufig nur um uns selbst, unseren Standpunkt, unsere Gefühle, unsere Ideen, wie etwas zu sein hätte, dass wir manchmal gar nicht verstehen können, warum der Partner so oder so reagiert. Wir haben dazu keinen oder einen verbauten Zugang. Ich stell mir das Zuhören wie in dem Lied „Walk a mile in my shoes“ von Elvis Presley vor. So, als würde ich in den Schuhen des anderen stecken. Stell auch du dir mal vor: Wie fühlt sich das Gehörte aus dieser anderen Perspektive an? Wenn man aktiv zugehört hat und der andere ausreden konnte.

Jetzt habe ich viel über allgemeine Situationen gesprochen. Was aber, wenn in der Partnerschaft aktuell Probleme bestehen? Du dich wirklich massiv über irgendetwas ärgerst und das objektiv betrachtet vielleicht auch ein Grund zum Ärgern ist. In diesem Fall würde ich die Liste mit den positiven Eigenschaften rausholen. Denn bei allem Ärger gab es mal etwas Positives, das es nun gilt, wieder in den Vordergrund zu rücken. Und wenn es nur dazu dient, dass man damit ein gutes Gefühl verbindet. Für sich. Dazu gehört jedoch der Wille, das zu tun. Die Entscheidung, es versuchen zu wollen. Ein möglicher nächster Schritt wäre, sich gemeinsam an einen Tisch zu setzten und das Thema, eventuell auch die gemeinsamen Werte zu besprechen. Wenn die schlechten Gedanken im Kopf jedoch überhandnehmen, kann man sich folgende Frage stellen: „Wer wäre ich, oder wie würde mein Leben aussehen, wenn ich gar nicht in der Lage wäre, diesen einen Gedanken des Ärgers zu denken?“ Ich habe sehr gute Erfahrungen damit gemacht, meinen Kundinnen diese Frage zu stellen. Auf die Frage „Wer wäre ich ohne diesen Gedanken?“ antworten sie regelmäßig: „Dann ginge es mir gut.“ Kombiniert mit der Liste der positiven Eigenschaften können sie sich auch wieder daran erinnern, warum sie sich für diesen Partner entschieden haben und nicht für irgendjemand anderen. Ich habe folgende Vorstellung dazu: Das Universum hat dafür gesorgt, dass diese zwei Menschen eine Familie gründen. Es ist nicht durch Zufall passiert. Ich wünsche allen Paaren von Herzen, dass sie sich daran erinnern, dass sie es verstehen, das Band der Liebe zu stärken, und dass auch stürmische Zeiten vorübergehen.

Eltern sein, Paar bleiben – Mit Liebe, Humor, Verständnis und einem psychologischen Trick

Im Laufe des Alltags mit Kindern zwischen Beruf und den Hindernissen des Lebens, den Irrungen und Wirrungen hat man wenig, (gefühlt) zu wenig Zeit für die Dinge, die einem mehr am Herzen liegen als der Alltag und der Haushalt.

Nehmt euch daher bitte beide Zeit, Folgendes zu notieren: Was hat sich ganz konkret geändert, seit die Kinder da sind? Euch werden sicherlich ganz viele Dinge einfallen. Wichtig ist, dass jeder für sich eine Liste schreibt. Das hatten wir bereits bei den Werten der Familie. Jeder soll für sich reinfühlen. Was hat sich geändert? Sucht auch Dinge, die sich zum Positiven verändert haben. Ihr werdet sie finden. Aber natürlich werden auf dieser Liste auch Dinge stehen, die an den Kräften, an den Gemeinsamkeiten, an der gemeinsamen Zeit zehren. Was sind die wichtigsten Änderungen, seit ihr Eltern geworden seid? Im nächsten Schritt bekommt jeder das Blatt des Partners und ihr stellt euch das Geschriebene wieder gegenseitig vor, so als seien es eure eigenen Gedanken. Nun kommt ein weiterer psychologischer Trick hinzu. Ihr sollt ein Streitgespräch führen, und zwar pickt ihr euch von der Liste des anderen einen Punkt raus, von dem ihr wisst, dass es da immer wieder zu Reibereien kommt, der bei euch selbst immer wieder Reaktionen auslöst, weil der andere unzufrieden damit ist, weil es nicht mehr so ist, wie es mal war. Ein klassisches Beispiel: Let‘s talk about it. Es ist kein Geheimnis, dass Sex in der Elternschaft nicht mehr der gleiche ist.

Zumindest sagen wir mal nicht immer. Wenn also jetzt auf dem Zettel des Partners (Mannes) steht: „Wir haben zu wenig aufregenden Sex, zu selten oder was auch immer.“, dann hätte die Frau in meinem Beispiel jetzt seine Notiz. Und stellt ihm nun vor, warum sie darunter leidet, dass sie keinen aufregenden Sex mehr haben. Auf diese Art und Weise sieht sie mit seinen Augen das Thema. Im Gegenzug müsste er dann (ihre Rolle einnehmend) kundtun und sich „verteidigen“, warum sie häufig keine Lust und Kopfschmerzen hat. Warum hat sie die Freude daran verloren?

Bringt liebevolles Verständnis füreinander auf! Das ist immer die positive Kehrseite der Medaille. Derjenige, der diese Notiz geschrieben hat, muss jetzt die Kontraposition einnehmen. Und das alles mit Freude und Spaß. Mit einer fröhlichen Einstellung kann man sich gemeinsam wundern, wieso haben wir damit eigentlich aufgehört? Nun sagt er vielleicht lachend, mir ist der Haushalt einfach zu viel, darum habe ich abends keine Lust mehr auf Sex. Nach dieser Phase des Sichhineinversetzens beginnt die gemeinsame Phase des Umdenkens: Wie würde es beiden wieder Freude machen, wann wäre eine gute Gelegenheit? Wenn die Kinder nicht stören können und keiner müde ist? Findet gemeinsam Lösungen und nehmt die Bedürfnisse des anderen ernst! Mit Humor gelingt das am besten. Lasst euch darauf ein! Es ist eine wunderschöne Übung, die Verbindung zu stärken. Das Leben und seine Umstände haben sich geändert. Aber nicht wir Menschen. Wir sind immer noch die gleichen. Und uns verbindet immer noch das Band der Liebe. Und vielleicht übernimmt er ab jetzt immer den Abwasch.

Das bildgebende Verfahren – Wie du negative Gedanken auslöschst

Bestimmt hast du dich selbst bei folgendem Gedanken – vielleicht bei Anwendung des Gedankenscanners – schon mal erwischt: „Warum macht er das schon wieder?“ Nehmen wir mal bewusst banale Beispiele, es klappt aber mit allem. Übertrage jeden Gedanken, den du dazu im Kopf hast, analog. Nehmen wir den berühmten Socken oder die offene Zahnpasta-Tube. Da könnte folgender Gedanke vorhanden sein: „Oh mein Gott, das habe ich ihm doch schon x-mal gesagt.“ Mal ehrlich, hat das in der Vergangenheit schon mal geholfen? Hat sich dadurch etwas geändert? Gleiche Erkenntnis gilt auch für Kinder. Sie lernen durch das gesprochene Wort definitiv nicht. Vielleicht ist es auch nichts, was wir tatsächlich aussprechen, sondern uns nur in Gedanken – Achtung – ärgert? Ich verrate jetzt kein Geheimnis, wenn ich sage, das stärkt weder das Band der Liebe, noch mehren sich die Kopiervorlagen der guten Gedanken. Da mehrt sich nur: Ich bin genervt. Und das merkt auch das Gegenüber. Immer. Mir hilft in all solchen Situationen, egal ob mich mein Kind oder ein Kollege oder wer auch immer gerade „auf die Palme bringt“, die Übung „Das bildgebende Verfahren“.

Stelle dir dazu bitte dein eigenes Gehirn vor. Wie sieht es aus? Die Nervenzellen? Die Synapsen? Die Zusammensetzung der verschiedenen Gehirnregionen. Und jetzt stell dir im nächsten Schritt vor, dass dein Gehirn an einen Apparat angeschlossen ist, der all das Innere auf einem Bildschirm darstellen kann. In der Medizin-Technik nennt man so etwas ein „bildgebendes Verfahren“. Das heißt, es werden mittels Computer und Rezeptoren oder Kontrastmittel Areale im Körper und im Gehirn dargestellt, die in diesem Augenblick aktiv sind. Jedes Mal, wenn man denkt: „Oh, jetzt hat er schon wieder den Socken liegen gelassen!“, blinkt bei dieser Übung die gleiche Region des Gehirns auf dem Bildschirm.

Stell dir nun in einem weiteren Schritt vor, du wärest in der Lage, dieses Areal zu deaktivieren, das heißt, in einem bildgebenden Verfahren würde dieses Areal nicht mehr angesprochen werden können. Es würde nicht mehr blinken. Dein Gehirn in seiner biologischen und biochemischen Zusammensetzung wäre nicht mehr in der Lage, diesen Gedanken zu denken. Absolute Stille, alles schwarz. Ich möchte dich einladen, als Ergänzung zu dieser Übung einmal aufzuschreiben, was in der Folge mit deinem Wohlbefinden, mit deinen anderen Gedanken, mit eurem gemeinsamen Leben passieren würde, wenn du anatomisch nicht mehr in der Lage wärst, diesen einen Gedanken zu denken.

In diesem Zusammenhang noch ein Hinweis. Mal ehrlich, was sagt das über die Qualität einer Beziehung von zwei Menschen aus? Für sich zu beanspruchen, es besser zu wissen, wo Socken „üblicherweise“ hingehören, hat doch keinerlei Relevanz für die Beziehung. Viel zu häufig beobachte ich leider, dass es wichtiger ist, recht zu behalten, als solche Unwichtigkeiten mit Nichtachtung zu strafen. Was nutzt es einem, recht zu haben? Und ich nehme mich selbst dabei nicht aus. All das hilft uns nicht, glücklich und zufrieden zu leben. Du erinnerst dich an deinen Lebensauftrag Nummer 1. Denn in der Elternbeziehung (aber natürlich auch in anderen Beziehungen) geht es nicht um Rechtsfindung. Und was ist denn jetzt eigentlich die wirkliche Wahrheit, um auch objektiv recht zu haben? Wer von uns kennt die eine und einzige Wahrheit? Gibt es ein Gesetz, dass Socken nicht auf dem Boden liegen dürfen? Gibt es ein Gesetz, dass Zahnpasta-Tuben geschlossen werden müssen, weil man sonst ins Gefängnis kommt? Da kommt wieder die Juristin in mir durch.

Jetzt ist das Socken-Problem bewusst ein banales, aber ich habe auch ein anderes Beispiel mitgebracht. Folgendes schrieb mir eine Mutter, die mit meinem 5-Minuten Tagebuch arbeitet:

„Vor einem Jahr war totales Chaos in mir. Meine Beziehung ging immer mehr auseinander. Er tut sich seit jeher schwer mit den Jungs. (Der Kinderwunsch kam jedoch von beiden Seiten.) Die Jungs wurden anstrengender, vor allem mit dem Homeschooling. Ich war oft müde, hatte Kopfschmerzen und Migräne. Mein Hausarzt sprach im Sommer dann von „kurz vor dem Burnout". Ich wurde eine Woche krankgeschrieben und sollte mir überlegen, in welchem Bereich es nicht stimmte. Das tat ich auch. Mir war schnell klar, dass es nicht der Beruf war. Ich arbeite halbtags auf der Kinderstation einer Klinik als Stationsassistentin. Ich liebe meinen Beruf. Arbeite dort seit 2017 und kann sagen, es ist mein absoluter Traumberuf. Er gibt mir viel Kraft. Die Kraft, ohne die ich schon längst im Burnout wäre … Das Problem war das alleinige Managen der Kinder, … familiäre Entscheidungen immer alleine treffen zu müssen. Er beteiligte sich nie. Aber die Jungs lieben ihren Papa. Eine Trennung wollte ich ihnen nicht antun, war aber nahe dran. Dann kam der Kleine in die Schule.

Es wurde noch komplizierter. Ich probierte Verschiedenes aus. Nichts klappte. Bis ich eines Tages auf Instagram eine Lösung für das Essensproblem, einen Zeitplan suchte. So fand ich dich und es kam eins aufs andere. Ich las deine Beiträge und es wurde mir klar, wenn ich wieder glücklich sein möchte – ich war früher ein immer positiv denkender Mensch–, muss ich meine Einstellung und meine Denkweise ändern. Ich begann umzudenken. Und ich merkte, wie es mir besser ging. Auch die Jungs veränderten sich positiv. Mein Mann sagte mir vor zwei Tagen, er stecke in einer Krise … Ich erzählte ihm, was ich durch dich gelernt und wie es mir geholfen hatte. Er ist bereit, für unsere Beziehung und unser Glück zu kämpfen."

Auch eine andere Leserin des 5-Minuten Tagebuchs schrieb mir, ihr Mann habe sie nach nur einer Woche des Tagebuchführens angesprochen, was sie mache, um merklich besser drauf zu sein. Ich lade auch dich ein, mit dem 5-Minuten Tagebuch zu arbeiten und die Erfolge zu erleben.

Auf einen Blick

Unabhängig vom Beziehungsstatus sind wir Eltern und damit für die seelische Entwicklung unserer gemeinsamen Kinder verantwortlich. Recht haben ist relativ, vor allem in Beziehungen. Als Team den jeweils anderen Standpunkt zu verinnerlichen, hilft, ein gemeinsames Band zu weben. Nickligkeiten des Alltags haben nichts mit Liebe zu tun. Den anderen ändern zu wollen, genauso wenig. Auch sind wir nicht für die Gedanken des anderen zuständig, dürfen uns aber stets an all seine positiven Eigenschaften erinnern und versuchen, uns in seine Situation hineinzuversetzen.

6. KAPITEL

KINDERERZIEHUNG NEU GEDACHT – VON KLEIN AUF POSITIV

Mein Kind ist immer okay – Schenke deinem Kind den Raum zur Entfaltung!

In diesem Kapitel gehe ich näher darauf ein, dass eine glückliche Familie nicht nur aus einer glücklichen Mutter und einem glücklichen Vater besteht, sondern auch aus glücklichen Kindern, die so angenommen und geliebt werden wollen, wie sie sind. Das sind die Grundbedürfnisse eines jeden Menschen! Auch wenn er noch so klein ist. Egal was passiert, egal welches Verhalten mein Kind mir zeigt, ob mir das gerade gefällt oder nicht. Ich erinnere mich immer daran: Mein Kind will bei mir sein, es will von mir gesehen werden, es will von mir akzeptiert und angenommen werden, so wie es ist. Nicht nur vor dem Traualtar gilt: „In guten wie in schlechten Zeiten." Auch gegenüber den Kindern gilt dieses Versprechen. Mit meinem persönlichen Zusatz: „In schlechten Zeiten erst recht!" Erst kürzlich habe ich folgenden sehr treffenden Spruch gelesen: „Kinder, deren Eltern sie nicht gut behandeln, hören nicht auf, ihre Eltern zu lieben. Sie hören auf, sich selbst zu lieben.“ Das kann ich aus eigener Erfahrung bestätigen. Und mit „nicht gut behandeln“ ist keine Gewalt gemeint. Es genügt, sich als Kind nicht gesehen zu fühlen, nicht zu genügen. In unachtsamen Momenten kann das im stressigen Alltag der Eltern aber schnell aus dem Blickfeld geraten.

Zu Beginn dieses Buches habe ich bereits den Bogen unserer Gefühls- und Gedankenwelt zur Erziehung unserer eigenen Eltern und Großeltern gespannt. Im Wissen um diese Zusammenhänge ist es mir ein besonderes Anliegen, dass wir als Eltern einer neuen Generation – die manches anders bewertet und die Chance hat, unser Verhalten neu zu reflektieren – unsere Kinder achtsam(er) begleiten. Was heißt achtsam in diesem Zusammenhang? Uns als Eltern dessen bewusst zu sein, was wir da gerade tun. Fälschlicherweise wird das von Eltern (und da nehme ich mich nicht aus) häufig als ein „Ich muss alles richtig machen, ich darf keine Fehler machen!“ interpretiert. Was wir damit allerdings bewirken, habe ich in diesem Buch schon ausführlich dargelegt. Angst und Sorgen, Fehler zu machen, sind keine guten Ratgeber. Ein schlechtes Gewissen hat auch noch niemandem geholfen. Daher möchte ich hier Wege aufzeigen, wie beides gelingen kann: Eltern, die kein schlechtes Gewissen haben und überwiegend das Gefühl, dass alles gut läuft und Kinder, die sich später im Leben nicht fragen, wo kommen all diese doofen Denkmuster und Glaubenssätze her, sondern die es gelernt haben umzudenken. Oder noch viel besser Kinder, die erst gar nicht umdenken müssen, weil ihre kindlichen und positiven Denkmuster nicht abgelöst wurden durch negative Glaubenssätze von uns Erwachsenen. Wenn unsere Kinder seelisch gesund aufwachsen, sich geliebt und gesehen fühlen, dann wird unsere Welt sicher ein besserer Ort. Davon bin ich überzeugt. Unsere Kinder brauchen Zuwendung, um sich zu einem starken Ich entwickeln zu können. Damit meine ich eine echte BEziehung mit unseren Kindern und ERziehung in Form von liebevoller Begleitung. Die Überschrift über allem lautet: Mein Kind ist immer okay. Es braucht die Bestätigung seiner Eltern, dass es immer okay ist, egal was passiert. Es ist nicht böse, schlampig, unzuverlässig, tollpatschig, chaotisch oder was auch immer. Ich weiß nur zu gut, wie schnell solche Sätze ausgesprochen sind. Es geht nicht darum, sich auf die Lippe zu beißen und sich danach schlecht zu fühlen. Was hat das Kind davon? Ich sage meinen Kindern durchaus, wie doof ich mich da gerade verhalten habe und dass das nichts mit ihnen zu tun hat. Sondern mit mir. Ich versuche, ihnen das Gefühl zu vermitteln, dass jedes Kind perfekt ist, so wie es ist. Jeder Mensch, so auch wir und unsere Vorfahren, sind perfekt auf die Welt gekommen. Sich das vor Augen zu führen, empfinde ich als sehr hilfreich. Als Eltern tun wir den Kindern und uns selbst keinen Gefallen, wenn wir uns wünschen, das Kind solle anders sein, nicht mehr so unordentlich, weniger stürmisch und so weiter. Das spürt ein Kind und es tut auch uns Eltern nicht gut, gegen eine Vision zu arbeiten, die einfach nicht der Realität entspricht. Hier ist wieder aktives Umdenken gefragt. Suche nach der positiven Kehrseite der Medaille! Ein stürmisches Kind lebt zum Beispiel seine Emotionen aus und frisst sie nicht in sich hinein. Das ist gesund. Ein unordentliches Kind ist vermutlich besonders kreativ und hat eine wundervolle Phantasie. Absolut wichtig, davon sollten wir Eltern uns anstecken lassen. Eltern können aber auch in anderer Hinsicht umdenken. Eine schöne Frage ist, was wäre, wenn man in einem völlig anderen Kulturkreis leben würde oder wenn man selbst anders erzogen worden wäre. Wäre dann das laute Kind immer noch „zu laut"? Es sind doch immer nur die eigenen Vorstellungen in unserem Kopf, die nicht mit der Realität übereinstimmen, und so gehen wir häufig unreflektiert und automatisch damit in Widerstand. Wir überprüfen gar nicht, ob diese auch wirklich wahr sind. (Die dazugehörigen Fragen aus Kapitel 4 kannst du gern auch hier wieder anwenden.) Weil wir das so gelernt haben und unser Gehirn es als normal abgespeichert hat. Was nicht der Norm entspricht, dem gewohnten Normal, wird daher erst mal abgelehnt. Damals, vor Tausenden von Jahren, haben die Warnsignale unseres Gehirns unsere Existenz gesichert und waren eine wertvolle Fertigkeit. Aber heute nicht mehr. Heute sind Empathie, Zusammenhalt und Gemeinschaft mehr denn je gefragt. Was bewirkt jedoch dieser innere Widerstand? Sicherlich keine Bindung und Zuneigung. Und kein gutes „Betriebsklima" für unsere eigenen Gedanken und Gefühle. Also ist es weder für uns noch für unsere Kinder zuträglich.

Es ist aber wichtig, nicht zu übertreiben und zu Helikoptereltern zu werden. Damit stehen wir der Entwicklung unserer Kinder im Weg. Ein Beispiel, um den Gedanken zu verdeutlichen: Jedes Kind, das gehen lernt, wird viele Male hinfallen und sich sicherlich dabei auch mehrere Male wehtun. Wenn wir versuchen würden, es permanent daran zu hindern, mal ein paar Schritte alleine zu probieren, damit es sich nur ja nicht wehtut, wird es das Laufen niemals lernen. Es würde kein Urvertrauen in sich selbst, seine Muskeln und seine eigenen Fähigkeiten entwickeln können. Und wir müssten es immer tragen! Das kann nicht das Ziel sein. Ich weiß, niemand kommt auf die Idee, das Kind am Laufenlernen zu hindern. Und doch tun wir Eltern es in so vielen anderen Bereichen. Wir wissen alles besser, wie man etwas macht, wann man etwas macht, wieso man etwas nicht macht, und wollen mit all den gut gemeinten Ratschlägen doch nur das Beste. Aber ist es das auch? Wir Eltern fragen uns meist nicht VORHER, ob es wirklich das Beste für unser Kind ist, einen gut gemeinten Ratschlag zu geben, sondern tun es einfach unreflektiert. Erinnerst du dich, wie das zu Beginn des Buches mit den negativen Gedanken und der Anziehung war? Was ziehe ich magisch an, wenn ich mir ständig Sorgen mache? Genau, nur noch mehr Anlass zur Sorge. Die Gedanken der Eltern drehen sich dann im Kreis, wie die Rotoren eines Hubschraubers. Bitte verstehe dieses Bild als Sinnbild. Lass uns den Gedankenkreisel anhalten und den Blick darauf verwenden, wie viel Vertrauen und Unterstützung unsere Kinder brauchen, statt ihnen in bester Absicht Steine in den Weg zu legen. Kontrolle und (mentale) Überwachung schaden der Entwicklung des Kindes und somit letztlich uns selbst.

Natürlich gibt es Situationen, in denen man sich Sorgen macht. Sorgen sind nur meist keine guten Ratgeber. Dass das Gehirn ein schlechter Ratgeber ist, hatten wir schon. Besser wir drehen, wie schon gelernt, an den Gedanken-Stellschrauben und geben unseren Kindern den Raum, den sie brauchen, um sich selbst entwickeln zu können. Zu unserem Vorteil! Daher ist es häufig ratsamer, Fünfe gerade sein zu lassen und sich in Vertrauen zu üben, dass Kinder, unabhängig von ihrem IQ, sehr schlau sind und ihre Erfahrungen machen werden und müssen. Überleg allein nur mal, wie viel sie bereits gelernt haben: laufen, zur Toilette gehen, Fahrrad fahren, unsere Sprache sprechen inklusive Grammatik, ohne dass wir sie darin unterrichtet hätten. Sich schon von klein auf die eigenen Fähigkeiten verlassen zu können, ist später unbezahlbar.

Emotions-Coaching für Kinder – Wie du die Gefühle deiner Kinder erkennst, benennst und ihnen hilfst, sie zu lenken

Vertrauen in sich selbst zu entwickeln, können wir Eltern gut begleiten und sogar bestärken. Und zwar mithilfe des sogenannten Emotions-Coachings.

Im Emotions-Coaching sind wir als Eltern die Coaches unserer Kinder. In dem Coaching geht es darum, dass unser Kind durch seine emotionale Reaktion auf eine Situation erkennt, wie es selbst damit umgehen kann. Das Kind lernt den Umgang mit Gefühlen. Denn wer als kleines Baby auf die Welt kommt, wächst und gedeiht und wird im Alter von circa zwei Jahren plötzlich von Gefühlen überrascht. Manchmal sogar überwältigt. Ziel des Emotions-Coachings ist es, zunächst zu lernen, die eigenen Gefühle zu erkennen, sie zu benennen und im nächsten Schritt das daraus resultierende Verhalten in richtige Bahnen zu lenken. Wobei bei Lenken nicht das Umlenken und Ablenken gemeint ist.

Apropos Ablenken: Ich bin damit groß geworden, dass mein Vater mich immer ablenken wollte, wenn ich geweint habe. Vermutlich wollte er mich einfach nicht leiden sehen und hat daher Späße gemacht, um mich von der Ursache des Schmerzes, der Trauer abzulenken. Hätte ich als Kleinkind bereits umdenken können, hätte ich bestimmt erkannt: Der Papa meint es gut mit mir, er möchte, dass ich lache und aufhöre zu weinen, damit es MIR wieder besser geht. Angefühlt hat es sich aber ganz anders: Warum lacht er, wenn es mir doch wehtut? Weil es nicht wehtut? Wenn es also gar nicht wehtut, warum fühlt es sich für mich dann aber so an? Mit meinem Gefühl kann etwas nicht stimmen. Ich stell mich an, ich übertreibe, ich bin viel zu empfindlich. Ich bin nicht normal. Also, nächstes Mal normal sein.

Zurück zum Coaching: Wie funktioniert also das Emotions-Coaching konkret? Ein wichtiger Spruch, den ich mir in dem Zusammenhang innerlich „vorsage“, lautet: „Jedes Gefühl ist erlaubt, jedes Verhalten allerdings nicht.“ Nehmen wir mal ein Beispiel: Stell dir ein Kind vor, das gerade in der Phase ist, in der es alles selbst machen möchte. Da kochen plötzlich Emotionen beim Kind hoch, wenn man ihm helfen oder ihm etwas abnehmen will. Das Kind wird laut oder es schlägt um sich. Sich und seine Situation sprachlich ausdrücken, kann das Kind in diesem Alter noch nicht. Zudem ist es übermannt von seinen Emotionen, Wut, Zorn, Unzufriedenheit: „Ich wollte das doch selbst machen!“ Und es kennt noch keine Strategie, mit diesem

Cocktail an Gefühlen im Bauch, im Hals, im Kopf umzugehen. Es ist überfordert und kennt keine Mechanismen, wie es diese Gefühle, die sich nicht gut anfühlen, wieder loswerden kann. Statt unsererseits als Elternteil im Autopilot-Modus nur das Verhalten zu sehen (Kind schlägt) und zu denken: „Mein Kind ärgert mich jetzt“, „Es will mich provozieren“, „Es will seine Grenzen testen“, können wir uns vorstellen, in uns eine Art Gefühle-Verhalten-Spezial-Filter einschalten zu können. (Für uns selbst haben wir ja schon herausgefunden, dass unschöne Gefühle auf negativen Gedanken beruhen.) Dieser hilft dabei, die Situation neutral zu betrachten und dem Kind dabei zu helfen, mit seinen Emotionen umzugehen. Ich sehe und erkenne das Verhalten, das ich nicht gut finde, kann aber als Erwachsener die dahinterliegenden Emotionen viel besser erkennen als das Kind. Daher sind wir ihre Emotions-Coaches. Gleichzeitig ist dies auch eine wunderbare Methode für uns selbst, um umzudenken. Aus „Kind ärgert mich“ wird „Wie kann ich meinem Kind helfen?“. Denn ganz ehrlich: Welches Kind will absichtlich seine Eltern ärgern? Ein Beispiel aus der Praxis, das du wahrscheinlich kennst: Dein Kind will seine Schuhe zubinden, du hast es eilig und machst es lieber schnell selbst. Damit mischst du dich neutral betrachtet in die Angelegenheiten deines Kindes ein und greifst in seine Autonomie ein. Was passiert also? Dein Kind fängt an zu rebellieren. Deine Reaktion ohne den Gefühle-Verhalten-Spezial-Filter: Du hast es eilig, das Kind schreit, dein Stresslevel steigt weiter und du sagst möglicherweise Sätze wie „Immer musst du so trödeln!“, „Deinetwegen komme ich wieder zu spät!“, „Reiß dich mal zusammen!“, „Jetzt reicht es mir aber!“, oder du packst das Kind wortlos unterm Arm und nimmst es mit. Deine Reaktion hingegen, wenn du aufgrund der emotionalen Ausnahmesituation deines Kindes sofort den Gefühle-Verhalten-Spezial-Filter einschaltest: Du kniest dich hin, schaust deinem Kind in die Augen und benennst die Situation: „Ich habe jetzt deine Schuhe zugebunden, aber du wolltest das selbst machen und jetzt bist du wütend, oder? Es tut mir leid." Dein Kind wird je nach Alter entweder nur nicken oder sagen: „Ich wollte es doch alleine machen, nichts lässt du mich alleine machen!" In dem Moment, in dem du deinem Kind die Chance gibst, sich zu seinen Gefühlen zu artikulieren, oder ihnen einen Namen zu geben, dem es zustimmen kann, fühlt es sich sofort mit seiner Emotion gesehen. Auch wenn es nur zustimmend nickt. (Erinnerst du dich, dass ich mich beim Ablenken nicht gesehen fühlte?) Die Folge: Kein weiterer Wutausbruch des Kindes, kein Anstieg des eigenen Stresslevels. Beides allein ist als Ergebnis schon toll. Hinzu kommt aber noch ein weit größerer positiver Effekt, nämlich dass ein solches Emotions-Coaching die Bindung zwischen uns Eltern und dem Kind stärkt. Ohne dass man dafür auf ein gemeinsames Team Building Event gehen musste. Einfach so, im normalen Alltag des Familienwahnsinns. Gefühlsausbrüche überwältigen insbesondere kleine Kinder, weil sie nicht wissen, wie sie diese unangenehmen Gefühle wieder loslassen können. Hier versuche ich meine Kinder dazu anzuleiten, dass genau das Loslassen, wie auch für uns Große, der Schlüssel ist. Solange wir uns gegen ein Gefühl sträuben, nähren wir es mit Energie mit der Folge, dass es noch länger bleibt. Es geht so lange nicht weg, wie wir damit im Widerstand sind. Auch das gehört zum Emotions-Coaching dazu: Gefühle anzunehmen, um ihnen die Energie zu entziehen. Ich erkläre das meinen Kindern so: Stell dir vor, du hast eine schöne Wohnung und es kommt ein Gast (Gefühl) zu Besuch, der unbedingt in jedes Zimmer will, weil er dort etwas vermutet, das ihm gehört. Du machst alle Zimmer zu, da du weißt, dass du das, was er sucht, nicht hast. Das gefällt dem Besucher aber gar nicht, er schlägt jetzt die Türen der einzelnen Zimmer mit der Axt ein. (Wut gewinnt an Energie und „wütet".) Was wäre eine bessere Lösung? Genau, auch meine Kids haben das schnell verstanden: Alle Türen auf! „Herzlich willkommen, schau dich gerne um und überzeuge dich, dass hier nichts ist. Schau gern überall. Warte, ich helfe dir sogar, wenn du magst." Schwupps, hat der Besucher keine Axt und auch keine Energie mehr. Er wird sich umschauen, nichts finden und von dannen ziehen. Wie auch die Wut im Bauch unserer Kinder, wenn sie dank unserer Hilfe dieses Bild verinnerlichen.

Nehmen wir als Beispiel fürs Emotions-Coaching noch eine andere, vorhin bereits erwähnte Situation. Das Kind fällt hin und schürft sich das Knie auf. Es weint. Eine Reaktion, die ich selbst erlebt und schon unzählige Male in anderen Familien beobachtet habe, ist, so zu tun, als wäre nichts passiert. Eltern fangen entweder an zu lachen oder sie versuchen das Kind abzulenken und zeigen zum Beispiel auf ein Tier oder eine Blume. Das Kind aber hat Schmerzen. Oder etwas ist kaputt gegangen. Auf jeden Fall passiert emotional etwas. In der genannten Reaktion würden die Eltern dem Kind unbewusst vermitteln, dass seine Reaktion offensichtlich nicht richtig war, dass mit ihm etwas nicht stimmt. Im Rahmen des Emotions-Coachings würden wir Eltern nun mit unserem Gefühle-Verhalten-Spezial-Filter versuchen, eine Lösung zu finden, die die Emotion des Kindes auflösen kann und mit der es sich angenommen fühlt. Das Kind erlebt so, dass es nichts falsch gemacht hat, wenn es weint, weil es Schmerzen hat, sondern fühlt die Bindung zu den Eltern. Es fühlt sich verstanden und gesehen. Wie bei der bereits erwähnten Kehrseite der Medaille versteckt sich hinter JEDEM Verhalten unserer Kinder eine Emotion. Als Eltern ist es im Rahmen des Emotions-Coachings unsere „Aufgabe", dieses Gefühl für das Kind zu erkennen und zu benennen, wenn es das selbst noch nicht artikulieren kann. Sprich also die Situation an und gib dem Kind Lösungsmöglichkeiten: „Oh, du bist hingefallen? Ich nehme dich in den Arm und tröste dich. Wo tut es denn weh? Soll ich mal pusten? Komm, wir machen das sauber. Oder möchtest du lieber, dass wir das erst kühlen? Brauchst du ein Pflaster?" Mithilfe unserer Fragen und dem Beschreiben dessen, was wir sehen, und der Gefühle, die wir wahrnehmen, kann das Kind viel besser artikulieren, was es jetzt gerade (emotional) braucht und fühlt sich wahrgenommen. Weil solche Schürfungen selten wirklich wehtun und Kinder oft aus Schreck weinen, wirst du allein durch die Aufmerksamkeit, die du der Situation schenkst, dein Kind innerhalb kürzester Zeit wieder beruhigt haben. Gleiches gilt für große Schulkinder mit ihren Sorgen und „Wehwehchen". Höre zu, lass sie erzählen und hilf ihnen, selbst auf eine Lösungsstrategie zu kommen. Wie wir Eltern damit umgehen, wenn Großeltern ein solch liebevolles Eingehen als „Verweichlichen" darstellen, findest du in Kapitel 13.

Der Pausenknopf – Deine Möglichkeit, Situationen abzuwägen

Es ist vollkommen klar, dass es uns als Eltern nicht immer gelingen wird, den Gefühle-Verhalten-Spezial-Filter einzuschalten. Mir auch nicht. In absolute Perfektion zu verfallen, wird uns nicht gelingen. Wir sind auch nur Menschen und keine Heiligen. Und am Ende über unsere eigene Unzulänglichkeit unglücklich zu sein, macht es nicht besser. Daher lautet die Devise: nicht immer, aber immer öfter. Je häufiger es uns gelingt, desto entspannter wird es für uns selbst und unsere Kinder. Wie beim Prozess des Umdenkens braucht gut Ding Weile und Geduld. Und nur Übung macht bekanntlich den Meister. Auf dem Weg zum Meister hilft uns Eltern die Vorstellung, mit einem Pausenknopf ausgestattet zu sein. Das geht so: Stell dir vor, dein Kind hat einen Wutanfall und du musst dringend aus dem Haus, hast es eilig. Du fühlst dich gestresst. Hinweis des negativen Gefühls: Irgendetwas stimmt nicht! In diesem Moment drückst du in Gedanken auf den Pausenknopf, wie früher beim Videorecorder, um das Bild auf dem Bildschirm anzuhalten. Was ist hier gerade los? Welche Gefühle sind im Raum? Wer will gerade was? Was zeigt mir das Bild? Ich habe es eilig, mein Kind hat kein Gefühl für Zeit und Eile und will etwas anderes. Wenn du die Sachlage des „Videos" auf dem Bildschirm analysiert hast, kannst du dich entscheiden, wie du reagieren willst. Entscheiden kann auch bedeuten, etwas nicht zu tun. Nun können wir entweder unserer eigenen Situation den Vorrang geben, also uns durchsetzen, oder die Situation mit dem Kind auflösen. Es gibt kein Richtig oder Falsch. Vielleicht geht es um einen wirklich wichtigen Termin, bei dem wir nicht zu spät sein dürfen. Da geht es dann eben mal nicht, locker flockig ein Emotions-Coaching zu machen. Das gelingt vielleicht mit viel Übung und nach längerer Zeit. Wir können nicht immer sofort und perfekt reagieren. Und das ist auch gut so. Denn unsere Kinder sollen auch lernen, die Gefühle anderer zu erkennen und welche Auswirkungen sie auf die andere Person haben. Beim Emotions-Coaching geht es nicht darum, die Gefühle der Kinder stets in den Vordergrund zu stellen, wir haben mit dem Pausenknopf auch die Möglichkeit abzuwägen. Ich weiß aus eigener Erfahrung und aus Gesprächen mit vielen Müttern, wie sehr wir gedanklich in der Rolle der sich aufopfernden Mutter stecken. Denken wir hier um, und zwar auch zum Wohle der Kinder. Wir dürfen uns entscheiden, unsere Gefühle je nach Situation in den Vordergrund zu stellen. Überlege dir in dem Moment, in dem du den Pausenknopf drückst, einfach nur, ob du dich in der aktuellen Situation für dich oder dein Kind entscheidest. Wäge ab und überlege! Ich wiederhole gern, es gibt kein Gesetz in dem steht, dass unsere Gefühle immer erst an letzter Stelle drankommen. Was für ein Vorbild wären wir dann unseren Kindern? Sollen unsere Jungs und Mädchen lernen, dass Mamas keine Bedürfnisse haben? Macht der Chef ein Riesenproblem, wenn du fünf Minuten zu spät kommst, oder bist du den ganzen Tag viel entspannter, wenn du dir fünf Minuten Zeit nimmst, mit deinem Kind die Situation aufzulösen? Wenn du dich entschieden hast, welchem Thema du den Vortritt gibst, dann blende das andere Thema erst mal aus. Denn es hilft der Situation nicht, wenn du dich innerlich doch noch stresst, weil du dich für die Entscheidung verurteilst. Glücklich sein, Vorbild sein hat mit schlechtem Gewissen nichts zu tun!

Zu einem späteren Zeitpunkt kannst du wieder auf das Thema zu sprechen kommen und im Nachhinein mit deinem Kind in Ruhe darüber sprechen. Auch wenn es erst später erfolgt, wirkt der Effekt der Bindung. Immer. Hier gibt es keine Zeitvorgaben. Oder haben wir jemandem mal nicht „vergeben“, weil er sich erst drei Stunden später entschuldigt hat? Nun kannst du wieder die „PLAY“-Taste drücken.

Falls es bei euch in der Familie übrigens ein Dauerbrenner-Thema gibt, bei dem das Kind immer „ausflippt“, hilft es, in einer ruhigen und entspannten Situation mit dem Kind darüber zu sprechen. Eine Kursteilnehmerin berichtete, dass es morgens immer Streit mit dem älteren Sohn gebe. Er flippe bei Tisch regelmäßig aus. Sie habe keine Ahnung, warum er sich so anstelle. Ich riet ihr, abends in einer völlig anderen, entspannten Situation das Thema in Ruhe anzusprechen. „Sag mal, was ist eigentlich morgens los, worüber ärgerst du dich immer, wenn wir frühstücken? Mir ist aufgefallen, dass wir da immer streiten und ich möchte gern besser verstehen, warum das so ist.“ Ob du es glaubst oder nicht, erst im Gespräch mit der Mutter konnte der Sohn für sich selbst herausfinden, dass er sauer auf seinen kleinen Bruder war. Der bekam nämlich immer als Erster seinen Brei und er selbst musste warten, bis er sein geschmiertes Brot bekam. Er hatte schon so großen Hunger. Die Mutter und er konnten nun eine gemeinsame Lösung dafür entwickeln: Sollte die Reihenfolge beim Vorbreiten des Frühstücks abwechseln, wollte er sich sein Brot selber schmieren (das fand er toll) oder sollte Papa helfen oder …? Wenn wir Eltern wissen, worum es geht, und dass das Kind uns nicht morgens einfach nur auf die Palme bringen „will“, entspannt sich das ganze Familienleben. Und es geht beim Emotions-Coaching nicht darum, dem Kind die Lösung abzunehmen. Vielmehr darum, dass es lernt, Lösungsmöglichkeiten zunächst in Gedanken zu entwickeln. Bei kleineren Kindern machen wir eventuell noch die Vorschläge und lassen sie dann selbst daraus auswählen. Das ist Bindung und Autonomie in einem!

Die bessere Alternative zum Loben – Stärke das positive Gefühl der Freude!

Du erinnerst dich bestimmt, dass ich hinter jede Aussage, in der das Wort „müssen" vorkommt, ein großes Fragezeichen mache. Warum geben wir unseren Kindern immer vor, wie etwas gemacht werden soll oder muss? Das macht man, das macht man nicht. Wer sagt das? Ist das wieder so ein Gesetz? Erinnere dich in deinem Alltag gern immer an meinen Hang zur Juristerei. Unsere Kinder müssen gar nichts. Nach dem Grundsatz des positiven Denkens sollen sie alles aus Freude machen und dabei glücklich sein.

Lob und Tadel sind zwei sehr altmodische Wörter und deshalb streiche ich sie aus meinem Wort- und Gedankenschatz. Mir ist erst beim Üben des Umdenkens bewusst geworden, wenn ich mein Kind lobe, suggeriert es ihm objektiv betrachtet nicht automatisch etwas Positives. Es lernt fälschlicherweise nur, dass es durch Leistung emotionale Zuneigung, Anerkennung und Wertschätzung erfährt. Emotionale Zuneigung zeigt meinem Kind, dass ich es lieb habe. Das heißt, unser Kind glaubt, es muss gute Leistungen bringen, es muss dieses oder jenes leisten, damit wir es lieb haben. Da sind wir wieder bei dem unerwünschten Wort. Das Kind muss gar nichts. Es soll die Dinge tun, die es glücklich machen, und dadurch intrinsisch motiviert handeln. Nicht weil wir als Eltern ihm dafür Liebe schenken und es damit unbewusst manipulieren. Natürlich wollen Eltern nicht, dass ihre Kinder das denken. Und wir würden das so auch nie sagen. Aber leider speichert es sich auch ungesagt ins Unterbewusstsein des Kindes, da es allein schon aus unserem Verhalten Rückschlüsse ziehen wird.

Aus Gesprächen mit vielen Mitarbeitern ist mir das schon lange bekannt. Eine Coaching-Kundin stellte in unseren Sessions fest, dass sie „kritikunfähig" sei. Ihre Mutter habe sie immer nur gelobt. Es falle ihr schwer, Kritik zu ertragen, da sie keine Mechanismen gelernt habe, mit negativem Feedback umzugehen. Natürlich lernte sie das im Coaching positiv umzudenken. Eine in meinen Augen bessere Alternative zum Loben ist, die Dinge zu benennen, die wir Eltern sehen. Beispielsweise beobachten wir, dass sich das Kind heute besondere Mühe gegeben hat, schön zu schreiben. Anstatt zu sagen: „Das ist aber schön geworden!", könnten wir sagen: „Ich sehe, wie du dich darüber freust, dass du es geschafft hast." Oder: „Ich sehe wie deine Augen leuchten, weil du dich so sehr darüber freust, dass es dir heute so gut gelungen ist." (Emotions-Coaching funktioniert auch im positiven Sinne.) Damit bestärken wir unser Kind in seinem Tun und vermeiden eine Bewertung der Leistung an sich, die durch Lob entsteht. Das Kind fühlt sich trotzdem gesehen und wertgeschätzt und erkennt, meine Eltern freuen sich mit mir. Sie sehen, was ich gemacht habe. Bei der Beurteilung der Leistung passiert beim Loben übrigens noch etwas anderes. Nur wer es besser weiß, kann überhaupt beurteilen, ob etwas richtig oder falsch, schön oder hässlich ist. Aber ist das nicht sehr subjektiv? Wer ist der wahre Meister und wer der Geselle? Wie wichtig ist das außerdem? Viel wichtiger ist es nach meiner Philosophie, dass das positive Gefühl der Freude gestärkt wird, dass wir eine enge Verbindung mit unseren Kindern herstellen und uns nicht als Meister über sie erheben und ihre Leistungen be*urteil*en.

Neben der Beschreibung dessen, was wir sehen, ist eine weitere Möglichkeit, unsere eigenen Emotionen auszudrücken. Was wiederum eine schöne Ergänzung des Emotions-Coachings ist. Ein Beispiel: Unser Kind schenkt uns etwas Gebasteltes und anstatt zu sagen: „Das hast du aber schön gemacht“ (Wer hat das objektive Wissen, das zu beurteilen?), können wir sagen, was wir selbst empfinden. „Danke, ich freu mich riesig über dein Geschenk!“ oder „Danke, dass du mir das schenkst, ich fühle mich geehrt. Das bekommt einen besonderen Platz auf der Fensterbank. Hilfst du mir, es einzurahmen?“ Statt das Ergebnis der Leistung zu loben, drücken wir unsere Wertschätzung durch Gefühle und Dankbarkeit aus. Kinder haben ganz feine Antennen für schnell dahergesagte Worte. „Ah, das ist aber schön.“ Und dann landet es zwei Tage später ungesehen im Müll. Kinder bemerken das und merken es sich.

Die bessere Alternative zum Tadeln – Sprich deine Gefühle aus!

Kommen wir nun zum Thema Tadel. Ich mache wieder einmal ein sehr plumpes Beispiel, um es besser zu veranschaulichen: Das Kind kommt vom Fußballspielen zehn Minuten zu spät nach Hause und die verärgerten Eltern – die noch nie etwas vom Umdenken gehört haben – verhängen eine Strafe. Die ganze Woche kein Fernsehen. Den Zusammenhang versteht das Kind aber nicht, denn das Fußballspielen hat Spaß gemacht. Eine positive Emotion (= Spaß beim Fußballspielen) erzeugt eine negative Emotion (= Trauer, Zorn, Wut, weil kein Fernsehen). Das Kind wird möglicherweise ab sofort pünktlich nach Hause kommen. Aber nur aus einem Grund, weil es Angst vor einer erneuten Strafe hat. Nachdem wir wiederholt festgestellt haben, dass Angst kein guter Ratgeber ist, gehe ich davon aus, dass wir Eltern nicht wollen, dass unsere Kinder aus Angst handeln. Außerdem – und verzeih, wenn ich das als Juristin jetzt mit Kindern in Verbindung bringe – die Gerichtssäle sind voll von Wiederholungstätern. Angst allein hält uns nicht ab, wenn die Verlockung (länger mit den Freuden zu spielen) zu groß ist. Besser ist in meinen Augen, wir versuchen im Sinne des Emotions-Coachings mit dem Kind über die Situation zu sprechen. Wir beschreiben ihm unsere Gefühle, warum es sich für uns nicht gut anfühlt, weil wir uns zum Beispiel Sorgen machen oder weil es uns stresst, jetzt zu einem wichtigen Termin zu spät zu kommen. Erklären wir die Gründe, warum wir wollten, dass es pünktlich zuhause ist. Durch das Gespräch geben wir unserem Kind das Gefühl, dass wir ihm vertrauen, auch wenn es einen Fehler gemacht hat.

In diesem Wissen kann es künftig neu für sich entscheiden, in Zukunft pünktlich zu sein, es selber zu schaffen, Verabredungen einzuhalten.

Eine weitere Sache, die ich kurz ansprechen möchte, ist die weitverbreitete Strafe „Geh in dein Zimmer!“ oder „Ich will dich nicht mehr sehen!“. Und ich oute mich hier gern, mir sind diese Sätze auch schon mal rausgerutscht. Noch schlimmer „So hab' ich dich nicht lieb!“ Das ist eine der schlimmsten (psychischen) Strafen. Denn wir geben unserem Kind damit das Gefühl, dass es nicht mehr dazugehört, wenn es sich so verhält. Verhalten gegen Liebe und Dazugehörigkeit. Wir „schlagen“ es damit verbal mit der stärksten Waffe, dem Entzug des wichtigsten Grundbedürfnisses. Höchststrafe! Dabei tappen wir Eltern oft nur in die Fallen unserer eigenen Erziehung. Selbsterkenntnis ist aber bekanntlich der erste Schritt zur Besserung. Weitere Schritte sind dann das Umdenken oder das Emotions-Coaching. Nehmen wir uns alle gemeinsam bewusst vor, gewisse Aktionen aussterben zu lassen. Das ist ein Prozess und der braucht Zeit. Nehmen wir uns als erste Generation von Eltern diese Zeit und verurteilen wir uns selbst nicht dafür, wenn es uns nicht sofort gelingt, alte Verhaltensmuster zu ändern. Wie schon besprochen, Kinder nehmen es uns nicht übel, wenn wir uns im Nachhinein entschuldigen und klarstellen, dass wir nicht richtig gehandelt haben und es uns aus tiefstem Herzen leidtut. Dass es an uns selbst lag und nicht an ihnen. Auch im Eingestehen von Fehlern dürfen wir (neue) Vorbilder sein.

Always look on the bright side! – Wir sind die Vorbilder für unsere Kinder

Wenn wir Dinge von der positiven Seite betrachten, dann gelingt es uns viel besser, glücklich, ausgeglichen und zufrieden zu sein. Was hat das konkret mit unseren Kindern zu tun? Was hat das mit der liebevollen Begleitung unserer Kinder zu tun?

Wenn wir positiv an Dinge herangehen, sind wir Vorbilder für unsere Kinder. Unsere Kinder tun einiges, was uns nicht so recht ist, aber gleichzeitig tun sie so viele Dinge, die uns sehr recht sind. Diese bewerten wir aber kaum bis gar nicht, weil wir sie als selbstverständlich ansehen. Häufig nehmen wir sie nicht einmal zur Kenntnis. Mit der Kraft des positiven Denkens kehren wir diese wieder in den Vordergrund und werden uns ihrer bewusst. Wir fokussieren uns auf all die Dinge, die schon positiv sind, und verstärken sie, indem wir sie so häufig wie möglich erwähnen. Getreu dem Motto: Man kann es gar nicht oft genug sagen. Der Rest kommt von allein und vor allem ohne zusätzliche Mühe unsererseits!

Stellen wir uns vor, wir würden im beruflichen Kontext immer nur hören, was wir falsch machen, was wir nicht gut machen, und es würden immer nur unsere Unzulänglichkeiten hervorgehoben werden. Das schadet massiv dem Selbstbewusstsein (wenn man im Umdenken noch ungeübt ist). Wir alle wollen für die nächsten Generationen starke und selbstbewusste Kinder. Kinder, die fröhlich, offen und unbeschwert sind, und sich auf gesunde Art und Weise selbst mögen und gut finden. Kinder, die sich nicht für andere verbiegen müssen, deren inneres Kind fröhlich ist. Durch unsere Fokussierung auf die positiven Seiten gelingt das viel besser. Wobei ich hier die positiven Eigenschaften meine und nicht ihr Wissen und ihre Fertigkeiten. Drücken wir unsere Freude und Dankbarkeit dafür aus, was alles schon gut gelingt, wie fröhlich unsere Kinder sind, dass sie uns zum Lachen bringen, dass sie die besten Zen-Meister für uns Eltern sind, dass sie uns beibringen, im Hier und Jetzt zu leben. Danken wir ihnen, wenn sie bei etwas engagiert mithelfen oder kleine Aufgaben übernehmen. Im Sinne des Gesetzes der Anziehung werden wir so automatisch mehr von dem bekommen, was wir (positiv) ansprechen: Hilfe und gut gelaunte Kinder.

Wärmeflaschen für die Kinderseele – Rituale geben Halt und Orientierung

Rituale sind für Kinder sehr wichtig, je kleiner die Kinder, desto wichtiger. Sie geben ihnen Halt und Orientierung und fördern die Gemeinschaft. Rituale geben ihnen die Gewissheit, dass alles um sie herum in Ordnung ist. Dass sie keine Sorge haben müssen. Daher finde ich es eine gute Idee, sich gemeinsame Rituale auszudenken. Ein Ritual kann beispielsweise sein, jeden Tag zusammen abendzuessen und erst zu beginnen, wenn wirklich alle bei Tisch sitzen. Zu beten oder vor dem Essen für die Speisen zu danken, ist ebenfalls ein Ritual. Konfessionsunabhängig ist Dankbarkeit etwas besonders Positives.

Es gibt auch wöchentliche oder jährliche Rituale. Ein spezieller Urlaub am Strand oder am Berg, der jedes Jahr zur selben Zeit, am selben Ort gemacht wird, ist ein Ritual. Das sind Abläufe, die irgendwann zur Tradition werden und die Familie zusammenschweißen. Vor allem, wenn sie mit schönen Erinnerungen verbunden sind. Ich mag den Satz „Kindheitserinnerungen sind Wärmflaschen für die Seele.“. Auch wenn die Kinder später einmal groß und aus dem Haus sind, solche Rituale, die zu Traditionen geworden sind, werden selten aufgegeben. Rituale schaffen auch Momente der Stille. Da kann jeder zu sich finden, nichts wird erzwungen und nichts muss in diesen Momenten passieren. Gleichzeitig können sich aus solchen Ruhe-Polen auch die schönsten Gespräche entwickeln. Alles kann, nichts muss.

Bei uns gibt es das Ritual der Familien-Konferenz/des Familien-Rats. Wann immer jemand eine tolle Idee, einen Vorschlag oder ein Problem, das er mit allen teilen möchte, hat, dann kommt der Familien-Rat zusammen. Derjenige beruft ihn lautstark mit „Familienrat!“ ein und alle versammeln sich umgehend um unseren Esstisch. Dann wird gemeinsam besprochen, worum es geht, und alle dürfen ihre Meinung äußern und Argumente einbringen. Gleichzeitig muss aber auch zugehört werden – Kinder lernen hier unglaublich viel, auch für ihre spätere berufliche Zukunft.

Es gibt so viele Möglichkeiten, kleine Rituale in den Alltag einzubetten. Eine liebevolle Notiz zum Pausenbrot, eine Praline in Herzform beim Nachhausekommen oder das gemeinsame Erstellen eines Essensplans (mehr dazu in Kapitel 12). Der Kreativität sind hier keine Grenzen gesetzt. Sich darüber Gedanken zu machen, sie einzuführen und zu praktizieren, stärkt wieder das positive Denken.

The survival of the fittest? – Die Gamechanger für Streitigkeiten unter Geschwistern

Geschwister rangeln miteinander, sind sich uneins, streiten, sind laut, machen Blödsinn und bringen uns Eltern damit immer wieder auf die Palme. Wir können das Thema für uns wunderbar entkrampfen, wenn wir einen Blick ins Tierreich werfen.

Schau mal in einen Stall, in dem eine Sau mit ihren Ferkeln liegt. Wie romantisch geht es dort zu? Auch wenn es für uns Eltern einfacher wäre, wenn unsere Kinder immer ein Herz und eine Seele wären – mehr Kinder machen mehr Arbeit. So ist das einfach, aber gleichzeitig ist es wunderschön, wenn unsere Kinder sich gegenseitig haben. (Wenn wir kein Einzelkind haben. Ich selbst war eines, kannte es nicht anders und habe nichts vermisst.) Zurück aber zu den Ferkeln. In der Tierwelt dreht sich alles um „The survival of the fittest“, wie der Evolutionsforscher Charles Darwin entdeckte. Wer als Erster an die Zitze kommt, der hat die größten Überlebenschancen. Wenn unsere Kinder also streiten, versuche ich nicht darauf einzugehen, sondern gehe davon aus, dass das natürlich ist und so sein muss. Ich muss nicht Schiedsrichter spielen. Es fällt mir aber offen gestanden nicht immer leicht. Unser Kinderarzt sagte einmal zu mir: „Greifen Sie erst ein, wenn Blut spritzt, die brauchen das normale Raufen.“ Da blieb mir ehrlich gesagt erstmal die Luft weg. Aber er hat schon recht, Reibereien und Streitereien sind im Lernprozess unserer Kinder wichtig, damit sie lernen, sich abzugrenzen und sich selber als Individuum zu begreifen. Man muss auch lernen, sich zur Wehr zu setzen, damit man nicht untergeht. Das menschliche Gehirn entwickelt erst im Alter von ungefähr acht Jahren die Fähigkeit zu verstehen, wie es anderen geht und wie man sein Verhalten anpassen kann. Es geht hier tatsächlich nicht um Psychologie, sondern um die physiologische Beschaffenheit des Gehirns. Ein kindliches Gehirn ist erwiesenermaßen noch gar nicht in der Lage dazu. Es wird spätestens in der Pubertät buchstäblich komplett umgebaut, weshalb es später zu manch anderen Problemen kommt. Also hilft es nicht, dem Kleinkind zu sagen: „Du musst doch verstehen, warum dein Bruder das doof findet." (Ich wiederhole mich: Man muss gar nichts.) Daher erreichen wir mit dem Appell an die Vernunft nichts. Außer, dass wir selbst uns ärgern. Auch wenn wir es uns im Hinblick auf ein harmonisches und ruhiges Familienleben noch so sehr wünschen. Es ist, als würden wir uns mit einer gehörlosen Person über Mozart unterhalten oder mit einer blinden über Farben. Das Kind unter acht Jahren kann physiologisch noch gar nicht verstehen, was wir meinen. Evolutionär geprägt sind Kinder zuerst tyrannische Egoisten, weil das ihr Überleben sichert. Nicht mehr, nicht weniger. Wie die Ferkel. Kein Kind ist ein angeboren rücksichtsvolles Geschwisterkind.

Mit diesem Wissen als Gamechanger kann ich Streitereien meiner Kinder gelassener hinnehmen. Wenn es wirklich gilt, einen Streit zwischen über achtjährigen Kindern zu schlichten, können wir Eltern mit beiden Geschwistern wunderbar auf das Emotions-Coaching zurückgreifen und das Streiten üben. Ganz wichtig ist dabei allerdings, dass wir nicht Staatsanwalt (anklagend) oder Richter (verurteilend) spielen, sondern Coach beider bleiben. Wer hat welches Gefühl? Warum und was können wir jetzt tun? Kein „Du bist schuld, du bist nicht schuld!“, „Warum hast du das getan?“. Sinnvoll ist, auch räumlich eine neutrale Position einzunehmen, zu beiden Kindern gleich viel Abstand zu halten und gleichermaßen einzubeziehen. Das eine Kind am Schoß, das andere vor uns stehend, vermittelt den Kindern nicht das Gefühl, dass wir Eltern den Platz als neutrale Dritte einnehmen. Um alle – uns selbst auch – äußerlich auf die gleiche Ebene zu holen, eignet sich ein Sitzkreis am Boden sehr gut. Sprecht dann gemeinsam in Ruhe über den Vorfall, was hast du beobachtet, was hast du dabei gedacht und wie hast du dich dabei gefühlt. Im Rahmen des Emotions-Coachings werden die Kinder selbst Lösungen finden. Du wirst überrascht sein, was für Ideen da kommen.

Hilf mir, es selbst zu tun! – Wie Kinder lernen

Ich habe vor vielen Jahren einen Vortrag im Kindergarten meiner Jungs gehört und erfahren, dass Kinder NICHT durch das gesprochene Wort lernen. Wie lernt ein Kind stattdessen? Stell dir das Lernen eines Kindes anhand der Form eines Eisberges vor. Nur die Spitze (!) des sichtbaren Teils, nur 3 % insgesamt, entfallen auf das gesprochene Wort. Und da wundern wir Eltern uns immer, warum das Kind denn nicht hört. Der Rest des Eisberges stellt eigene Erlebnisse – da hätten wir übrigens die Bestätigung für den Unsinn des Helikopterns – und das Kopieren des Verhaltens anderer dar. Das heißt, Kinder ahmen uns nach. Das an sich ist nichts Neues. Aber in puncto positiven Denkens und Benennung von Emotionen dürfen wir folglich gar nicht oft genug Vorbilder für unsere Kinder sein.

Es gibt natürlich im Leben der Kinder auch andere Vorbilder wie Lehrer, Großeltern, Freunde, Bekannte, Verwandte, um die es in den kommenden Kapiteln auch noch gehen wird. Aber die ersten und somit wichtigsten Vorbilder unserer Kinder sind wir Eltern. Das ist mein persönlich größter Motivator, mich auch immer wieder an die Technik des Umdenkens zu erinnern. Nicht nur um meiner selbst und meiner eigenen Zufriedenheit willen, sondern sozusagen für den Zinseszinseffekt, den er bei unseren Kindern auslöst. Wenn ich positiv an Dinge herangehe, werden es mir meine Kinder bei eigenen Problemen gleichtun. Einer meiner Söhne sagte einmal zu mir: „Mama, du kannst das schon viel besser als ich, aber ich lerne das auch noch so gut wie du." Ich hatte Tränen der Freude und Rührung in den Augen, was ihn natürlich verwunderte. Als ich das bemerkte, schilderte ich ihm meine Emotionen und er freute sich. Wenn ich am Ende sagen kann, dass ich das meinen Kindern beigebracht habe, bin ich die glücklichste Mutter der Welt. Denn ich kann mir dann sicher sein, dass sie für die Stürme des Lebens gewappnet sind. Mit einem fröhlichen, offenen, entspannten und selbstbewussten Herz und einem Verstand, der positives Denken als sein Normal verinnerlicht hat.

Abschließend noch eine Analogie aus meinem beruflichen Alltag. Wenn Mitarbeiter neu eingearbeitet werden, erinnere ich als Personalleiterin den Vorgesetzten oder die Person, die für die Einarbeitung verantwortlich ist, an folgendes Vorgehen:

Zuerst einmal zeige ich dir, wie es geht.

Dann stelle ich durch Fragen fest, ob du es verstanden hast, wie es geht, und beantworte deine Fragen.

Und jetzt machst du es das erste Mal allein. Und ich schau dir dabei zu. Ich greife nicht ein. Ich schaue dir zu, wie du es alleine machst und du lernst aus der eigenen Erfahrung.

Das ist auch das Ziel bei unseren Kindern, sie so anzuleiten, es ihnen so vorzumachen, dass sie es selbst machen können (Vorbild, Nachahmen und eigenes Erleben). Jeder kennt den berühmten Spruch von Maria Montessori „Hilf mir, es selbst zu tun.“. Anders formuliert (= umgedacht) kann ich daraus auch Fragen formulieren, um mich als Elternteil zu überprüfen.

Wie habe ich meinem Kind geholfen, es selbst zu tun? Wo habe ich eingegriffen? Warum? Kann ich das auch sein lassen? Was braucht mein Kind, um es besser zu schaffen? Wie kann ich es anleiten, statt es zu belehren? Natürlich sollte man gemeinsam besprechen, was sich das Kind selbst noch wünscht. Ob es sich schon sicher fühlt? Wo es sich noch Unterstützung oder Wiederholung wünscht. Und das bereits Positive bestärken. „Guck mal, das ist schon so toll geworden. Jetzt lass uns doch nochmal daran arbeiten, wie wir den Teil, der noch nicht so gut gelungen ist, verbessern können. Was soll ich dir nochmal zeigen? Möchtest du es nochmal wiederholen?“

Auf einen Blick

Unsere Kinder kommen bereits perfekt auf die Welt. Alles, was sie dann noch brauchen, ist Liebe, Anerkennung, Zugehörigkeit, Autonomie und persönliches Wachstum. Ihnen das zu schenken, ist für uns Eltern einfacher, wenn wir uns bewusst machen, dass wir die exakt gleichen Grundbedürfnisse haben. So wie auch Ferkel nicht als liebevolle Geschwister auf die Welt kommen, dürfen wir Eltern das Thema Geschwisterstreit gelassener sehen. Als Vorbilder, denen unsere Kinder gern nachfolgen, können wir sie darin coachen, Emotionen zu benennen und eigene Lösungsstrategien zu entwickeln, und können sie mit positiven Gefühlen motivieren. Dabei dürfen wir uns nicht als Heilige verstehen, sondern als authentische Vorbilder, die sich für ihre eigenen Fehler auch entschuldigen können.

7. KAPITEL

ACHTSAMKEIT UND DANKBARKEIT FÜR GROSS UND KLEIN

Neue Gedanken-Autobahnen – Gemeinsam den Achtsamkeitsmuskel trainieren

Die meisten Mütter – so auch ich zu Beginn – fragen sich, wie es gelingt, selbst ruhig und gelassen den Pausenknopf aus Kapitel 6 zu drücken, umzudenken, die positive Seite der Medaille zu erkennen, den Gefühle-Verhalten-Spezial-Filter einzuschalten, um seinem Kind zu helfen, seine Emotionen zu benennen, ein gutes Vorbild zu sein, wenn der Alltag doch schon so stressig ist, dass man die Gedanken im Kopf nicht anhalten kann. Wie oft war ich genervt von einem meiner Jungs, wenn er ein für sein Alter ganz normales Verhalten an den Tag legte, meine Nerven aber nicht ausreichend vorhanden waren. Mal habe ich getobt, mal gemeckert, manchmal vielleicht auch auf Durchzug geschaltet, weil ich mir nicht anders zu helfen wusste. Danach erst konnte ich erkennen, dass das Verhalten meines Kindes nichts mit mir zu tun hatte. Dass mein Kind mich nicht ärgern wollte, es mich weder testen, noch zur Weißglut bringen wollte. Es ist immer mein Kind, das vor mir steht. Mit seinen Gefühlen und eigenen Unzulänglichkeiten. Wie tat es mir im Nachhinein dann leid, dass ich mich in der Situation nicht darauf einlassen konnte, worum es meinem Kind ging. Was mein Kind wirklich in dem Moment gebraucht hätte. Viel zu sehr war ich in meinen Gedanken gefangen und regte mich auf: „Wir kommen zu spät! Was denken die anderen Leute?“ und so weiter. Im Nachhinein konnte ich erkennen, auf dem „falschen Dampfer“ gewesen zu sein, aber ich suchte nach einer Lösung, es bereits in der Situation selbst besser zu erkennen. Du weißt es bereits, ich erfand den Pausenknopf, den ich dank Achtsamkeit auch in stressigen Situationen mit meinen Kindern anwende. Nicht immer, aber immer öfter. Ich habe mithilfe der Achtsamkeit und Dankbarkeit gleich zwei Fliegen mit einer Klappe „erschlagen“ können. Zum einen für mich als beruflich eingespannte Mutter und zum anderen für meine Kinder. So habe ich – ohnehin nie Zeit, Achtsamkeit für mich alleine zu üben – die Kinder gleich miteinbezogen. Das hat einerseits den Vorteil, dass das Üben eine schöne gemeinsame Zeit sein kann. Andererseits möchte ich die Achtsamkeit meinen Kindern mit auf den Weg geben. Denn nicht nur uns Erwachsenen hilft es ungemein, immer wieder in uns reinzuhorchen und achtsam wahrzunehmen, was passiert.

Was ist das gerade für eine Situation?
Was habe ich für Gefühle?
Was ist das Problem?
Was steckt dahinter?

Achtsamkeit und Dankbarkeit helfen mir dabei, Situationen, Gedanken und Emotionen zu entwirren und so besser zu erkennen, wo ich umdenken kann. Zeitgleich ist es auch eine wunderbare Auszeit und Erholung für mich selbst. Ich blende alles andere um mich herum aus, wenn ich Achtsamkeit mit den Kindern übe. Dann denke ich nicht an den Ärger im Büro, nicht an die Wäscheberge, nicht an die nicht eingeschaltete Spülmaschine und was ich noch hätte einkaufen müssen, sondern es ist, als könnte ich mein Gehirn von all diesen Belastungen komplett befreien. Säubern, reinigen, mit Balsam einschmieren und gleichzeitig dabei die Batterien aufladen. Während ich Zeit mit den Kindern verbringe und genieße.

Und es hat einen weiteren positiven Effekt, gemeinsam mit Kindern Achtsamkeit zu „trainieren". Wir können uns dieses Training wie das Training eines Muskels vorstellen. Das Gehirn besteht zwar nicht aus Muskeln, sondern aus Synapsen, Neuronen, Transmittern und Nervenbahnen. Doch ähnlich, wie wenn wir einen Marathon laufen möchten und dafür trainieren, trainieren wir gemeinsam mit unseren Kindern den Achtsamkeits-Muskel. Neue Nervenbahnen, neue Synapsen, sozusagen neue Autobahnen werden in unserem Gehirn gebaut. Je häufiger wir trainieren, umso achtsamer werden wir. Umso schneller können wir unsere Gedanken umdenken, anhalten, über Bord werfen und darüber lachen.

Für Achtsamkeitsübungen gemeinsam mit Kindern kann man immer Zeit finden. Es ist nichts, wofür man sich eine Stunde in ein Yoga-Studio begeben muss oder eine extra Matte braucht, sondern man kann es überall und jederzeit üben. Vielleicht wird es auch eines eurer Rituale. Gemeinsamen zu entspannen und schöne Erfahrungen zu sammeln, schraubt die positive Spirale der Zufriedenheit und seelischen Ausgeglichenheit stets nach oben. Durch die Entspannung lernen auch die Kinder wahrzunehmen, was in ihnen vorgeht und so können sie schon von klein auf für sich erkennen, was mit ihnen los ist, wenn es ihnen mal nicht gut geht, oder woher die Gefühle kommen. In manchen Ländern, wie zum Beispiel den Niederlanden, ist Achtsamkeit übrigens ein Fach in der Schule. Es gibt Untersuchungen, die den Erfolg nicht nur fürs Lernen, sondern auch für das soziale Miteinander und die individuelle Zufriedenheit und Resilienz der Kinder bestätigen.

Folgend eine Auswahl an Übungen, wie sie auch meine Kursteilnehmerinnen lernen.

Positives Licht –
Komme in deinem Körper an!

- Setzt euch gemeinsam auf den Boden.

- Stellt euch in entspannter Position mit geschlossenen Augen vor, dass euer Atem wie Licht ist.

- Konzentriert euch darauf – beginnend bei euren Füßen – wie aus dem Erdmittelpunkt gleißend helles Licht durch euren Körper fließt. Vielleicht hilft euch die Vorstellung von Magma dabei.

- Benennt gemeinsam Stationen, wo das Licht in euren Körpern gerade ankommt. Konzentriert euch darauf, dass das Licht wandert.

- Irgendwann kommt es beim Scheitel und außerhalb eures Körpers an. Dieser stetige Lichtstrom reißt aber nicht ab, sondern fließt über das Rückenmark am Hinterkopf wieder in eure Körper zurück.

Was passiert da? – Wie du lernst, Vorgänge im Körper zu beobachten

Bei dieser Übung geht es darum, etwas in den Mund zu nehmen, es aber nicht gleich zu zerbeißen, sondern sich die Zeit zu nehmen, das Essen wahrzunehmen. Das kann ein Keks, ein Gummibärchen, eine Mandel, ein Stückchen Schokolade oder auch Obst sein.

Was passiert da genau? Alle benennen, was sie gerade wahrnehmen: Ich merke, wie die Schokolade zu schmelzen, der Speichel zu fließen beginnt, ich nehme den Geschmack der Schokolade wahr, jetzt gleitet sie den Hals hinunter, ich kann sie immer noch schmecken, jetzt kann ich sie nicht mehr schmecken.

Diese Übung lässt sich auch mit dem Geruchssinn bei zugebundenen Augen durchführen. Dafür braucht es zwei Personen. Eine Person, die sich an der Wahrnehmung übt, und eine Person, die die Gerüche vorbereitet und vorsichtig unter die Nase hält.

Lauter bunte Schokodrops – Kinder lernen, ihre Gefühle zu artikulieren

Du brauchst eine Packung bunter Schokodrops. Jeder Farbe dieser Schokodrops ist eine Emotion zugeordnet.

Rot = Was macht dich besonders glücklich?
Braun = Was macht dich traurig?
Grün = Was macht dich wütend?
Gelb = Was findest du aufregend/toll?
Blau = Welche nicht so tollen Gedanken hattest du heute?
Orange = Was hat dir heute besonders gutgetan?

- Alle Schokodrops landen in einer Schüssel.

- Jeder darf sich, ohne hinzuschauen, einen Schokodrop nehmen.

- Die gezogene Farbe bestimmt die zu beantwortende Frage.

Eine wunderbare Übung, auch für kleinere Kinder, bei der sie lernen, sich zu artikulieren.

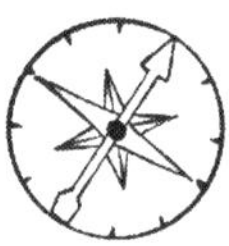

Die Dankbarkeits-Muschel – Das Leben in Dankbarkeit wahrnehmen

Unser Körper schüttet Glückshormone aus, wenn wir uns bewusst machen, dass wir für etwas Bestimmtes dankbar sind. Für kleine Kinder ist ein Dankbarkeits-Tagebuch vielleicht noch nicht adäquat, für größere bestimmt, aber es gibt auch andere Möglichkeiten.

- Sammelt gemeinsam Steine oder Muscheln – gerne auch als Ritual im Urlaub.

- Dann entscheidet sich jeder unter all den Fundstücken für seinen Dankbarkeits-Stein oder seine Muschel.

Macht immer wieder Dankbarkeits-Runden, wenn alle beisammen sind. Jeder nimmt reihum einmal seinen Stein oder seine Muschel und erzählt, wofür er heute dankbar ist.

Ihr könnt das täglich machen, aber auch wöchentlich. Diese Übung hilft euch dabei, unterschiedliche Dinge zu benennen und euer Leben ganz bewusst wahrzunehmen.

Entspannung für das Gedankenkarussell – Tägliche Abläufe werden zu Achtsamkeitsübungen

Mache tägliche Abläufe, wie beispielsweise das Zähneputzen, für deine Kinder zu einer Achtsamkeitsübung. Das genaue Putzen eines jeden Zahns von allen drei Seiten: der Kaufläche, der Innen- und Außenseite.

Abgesehen von diesen Übungen gibt es zahlreiche Beschäftigungen, bei denen wir mit unseren Kindern gemeinsam entspannen, Achtsamkeit walten lassen können, unsere Sinne nur auf diese eine Sache fokussieren können. Alle Brett- und Kartenspiele, Mandalas, Hörspiele und klassische Musik. In der heutigen Welt kann es nicht häufig genug darum gehen, uns auf die Eintönigkeit des Tuns zu beschränken. Viel zu sehr beschäftigen sich auch schon die Kinder mit drei Dingen gleichzeitig, statt eins nach dem anderen zu machen. Da entstehen wunderbare Momente, wenn es gelingt, den Fokus auf dieser einzigen Sache ruhen zu lassen und alles andere komplett auszublenden. Auch für unsere Kinder ist es wichtig zu lernen, nicht immer zehn „Tasks" gleichzeitig am Laufen zu haben, sondern nur diese eine. Entspannung für das Gedankenkarussell.

Abgesehen davon, dass gemeinsames Entspannen, wie auch schon das gemeinsame Üben der Achtsamkeit und Dankbarkeit wohltuend ist, passiert noch etwas Geniales, was die seelische Ausgeglichenheit positiv beeinflusst. Du lernst die Signale deines Körpers früher, das heißt rechtzeitig, wahrzunehmen. Vorzeitig Pausen zu machen, bevor du dringend eine brauchst und es schon schlimm ist. Ich selbst merke, wenn ich mich darin übe, deutlich besser, wann mir alles zu viel wird oder wann ich anfange, gereizt zu reagieren. Wann ich unnötig sauer werde, weil ich keine Kraft mehr habe umzudenken. Und so lernen auch unsere Kinder, wenn wir immer wieder mal kleine Entspannungsphasen in den Alltag einbauen, der Ruhe Raum zu geben, um in sich hineinzuspüren. So lernen auch die Kinder zu sagen: „Das ist mir jetzt grad zu laut hier." Oder sie nehmen sich selbst aus einer Situation heraus, weil sie erkennen, dass gerade alles zu viel ist.

Viele Achtsamkeitsübungen, wie bewusstes Atmen, entspannen zwar automatisch auch, aber ich nenne dir im Folgenden Übungen, bei denen der Fokus auf der Entspannung liegt und nicht im Gewahrsein der aktuellen Situation. Probiert einfach mal gemeinsam aus, was euch gut gefällt.

Pure Erholung – Einmal Massage für alle

Kennst du die Bälle mit den Stacheln? Die gibt es in unterschiedlichen Härtegraden und Größen. Massiert euch gegenseitig. Mal alle wie die Orgelpfeifen hintereinander sitzend und einer geht leer aus, nach einiger Zeit wird gewechselt, bis alle einmal leer ausgegangen sind. Oder so im Kreis sitzend, dass alle drankommen.

Ähnlich wie die Bälle gibt es auch Drahtkonstruktionen, die wie ein Krake aussehen und die einen Streicheleffekt auf der Haut auslösen. Kinder werden natürlich immer gerne von Mama gekrault oder gestreichelt (also mit den Händen, ohne Zubehör). Damit aber auch du beim gemeinsamen Entspannen in den Genuss einer „Behandlung" kommst, sind Kinder meistens hellauf begeistert, wenn sie dafür dieses Teil nutzen können. Der Effekt ist der gleiche, wenn auch gefühlt etwas künstlicher.

„Liebe" schicken und empfangen – Gefühle können versendet werden

Eine andere Übung, die wir gern vor dem Schlafengehen machen, ist, sich gegenseitig nur kraft der Gedanken Liebe zu schicken. Der Empfänger muss sich dann darauf konzentrieren, zu merken, wann die Liebe bei ihm ankommt. Ich liebe dieses Spiel, denn es beruhigt nicht nur, sondern ich bilde mir auch ein, das Eintreffen der Liebe wirklich zu spüren. Es ist ein wundervolles Gefühl.

Ein Spaß für Grundschulkinder – Auf dem Rücken rechnen und schreiben

Eine andere Übung, die insbesondere für Grundschulkinder besonders gut geeignet ist, ist sich gegenseitig auf den Rücken Buchstaben oder Rechenaufgaben zu zeichnen, also mit dem Finger über die Haut oder das T-Shirt zu fahren. Der andere muss dann das Wort erraten. Das schult auch die Sinne und somit die Achtsamkeit. Man muss die Berührung auf dem Rücken genau wahrnehmen und lokalisieren, dennoch habe ich es hier gern unter die Entspannungsübungen aufgenommen.

Berühre ich dich? – Schule deine Körperwahrnehmung!

Hier sucht man eine Körperregion aus, zum Beispiel die Ellenbeuge, das Handgelenk oder die Haare auf dem Kopf. Einer schließt die Augen. Nun entscheidet der andere, ob er die Person zart berühren wird oder nicht. Der andere muss dann erraten, ob er berührt worden ist, und wo ganz genau. Es ist erstaunlich, wie oft man komplett daneben liegt.

Das Leben ist ein Ponyhof – Entspannung beim Haarekämmen

Sich gegenseitig die Haare zu kämen und zu frisieren, kann auch sehr entspannend sein. Eine schöne Zeit der gegenseitigen Zuwendung. Gleich einem Pferdchen, das liebevoll gestriegelt wird.

Auf dein Kommando! – Muskeln anspannen und loslassen

Eine schöne Übung, die uns von einer aktuellen Anspannung in die Entspannung führt, liegt darin, auf ein Kommando die Muskeln (oder einen bestimmten) so fest man nur kann anzuspannen. Um sie dann auf ein weiteres Kommando zu entspannen.

Diese Übung kann man auch damit verbinden, dass einer eine Geschichte erfindet. Ein Beispiel: Sobald das Codewort „Hase“ fällt, müssen alle die Muskeln ganz fest anspannen, und beim Codewort „Wiese“ wieder lockerlassen.

Fantasiereise – Entspannung garantiert

Das Geschichtenerzählen leitet auch schon über zu dieser Übung. Es wird bestimmt, wer eine Geschichte erzählt. Frei erfunden. Alle anderen hören zu und machen nichts. Keinen Mucks, keine Zwischenfragen, kein Rumlaufen. Diese gemeinsame Entspannung regt zusätzlich noch das freie Reden und Formulieren sowie die eigene Fantasie an.

Mein Sohn baute einmal sogar die Massage-Utensilien in seine Geschichte ein. Ich war begeistert von seinen tollen Redewendungen und seinen wunderbaren Massage-Ideen, die er mit seiner Geschichte verwob. Lasst eurer Fantasie freien Lauf!

Zum Ende dieses Kapitels möchte ich auch den Eltern von älteren Kindern, insbesondere von Pubertierenden, noch ein paar Ideen mitgeben. Ich weiß, dass Jugendliche wenig Lust auf die tollen Ideen ihrer Eltern haben. Hier kann der Vorschlag, gemeinsam Muscheln zu sammeln oder achtsam zu kauen, eher Widerstand hervorrufen. Gerade weil es die Eltern vorschlagen, die in dieser

Zeit ja besonders doof und anstrengend sind. Wie stellen wir es dennoch an, unseren Kids Achtsamkeit beizubringen. Ich empfehle die Vorgehensweise wie im Emotions-Coaching: Der Teenie soll selbst entscheiden. Was würde Spaß machen? Allein auf dem Zimmer zu Musik etwas zu malen? Mit dem Bruder einen „Wettbewerb" daraus zu machen, wer mehr Dankbarkeitszettel in ein dafür vorgesehenes Glas wirft? (ACHTUNG! Eltern dürfen es natürlich nicht lesen!) Es mit der besten Freundin üben? In ein Tagebuch schreiben? Wichtig ist, dass er selbst entscheidet und Vorschläge macht. Schwierig wird es, wenn wir die Teenies davon überzeugen wollen. Die anderen finden das vielleicht uncool? Unterhaltet euch darüber, warum vermeintlich wichtiger ist, was andere denken. (Das Thema hatten wir ja schon ausführlich.) Gehen wir als Vorbild voran und belegen am lebenden Objekt, dass Achtsamkeit uns hilft, uns selbst lieber zu mögen. Gerade in der Pubertät und der Flut an Social Media geraten Kinder in dem Alter schnell in Selbstzweifel. Was bedeutet es, schön oder cool zu sein? Wer legt das fest? Warum möchte man zu einer bestimmten Gruppe gehören? Wenn in der Eltern-Kind-Beziehung ein gutes Vertrauensverhältnis besteht, können hier wunderbare Dialoge entstehen. Auch in der Pubertät gilt, besser nicht helikoptern, nicht in die Autonomie eingreifen, sondern gemeinsam Lösungsoptionen erarbeiten. Und sich daran erinnern, dass vom eigenen Erleben mehr gelernt wird als vom gesprochenen Wort. Wir können uns die Mühe sparen. Ich weiß, dass wir alle unsere Kinder vor unschönen Erlebnissen beschützen wollen. Wie aber können sie sich so auf ein selbstständiges Leben vorbereiten und sich ihrer eigenen Lösungsfähigkeiten sicher werden?

Auf einen Blick

Da im stressigen Mama-Alltag viel zu oft die Zeit für eigene Entspannung und Achtsamkeit fehlt, können wir zwei Fliegen mit einer Klappe schlagen, indem wir sie mit den Kindern gemeinsam praktizieren. Das stärkt die Wahrnehmung von Gedanken und Gefühlen bei allen und schafft gleichzeitig neben Ruhe und Entspannung auch schöne Familienmomente.

8. KAPITEL

ES GIBT NUR EINE GESUNDHEIT

Der Glaube kann Berge versetzen – Wie ich das Vertrauen in meinen Körper wiederfand

Manchmal habe ich das Gefühl, es gäbe einen geheimen, nicht ausgesprochenen Wettbewerb, den alle gewinnen wollen: „Wer ist am erschöpftesten? Wer hat am meisten zu tun?" Und mal ganz ehrlich – ich nehme mich da nicht aus. Insbesondere im Beruf dachte ich lange, wenn ich viel zu tun hätte, wäre das ein Zeichen meiner Wichtigkeit. Bis ich begriff, dass auch hier das Gegenteil der Fall ist. Aber darüber redet keiner. Meist hat man Angst, nicht ernst genommen zu werden, wenn man sagt, man habe alles im Griff, es laufe alles ganz entspannt. Gemütlich darf es von außen auf keinen Fall aussehen.

Ist dir schon mal aufgefallen, dass ältere Menschen sich nur noch über Krankheiten unterhalten? Dass unter Freundinnen und im Familienkreis überwiegend die Gespräche darum kreisen, was alles nicht rund läuft. Auch in puncto Gesundheit und Zufriedenheit werden Probleme gewälzt. Gern sogar. Als seien eine Lebensmittelunverträglichkeit, Einschlafprobleme oder ein beginnender Tinitus wie eine Ehrenurkunde, Grund für den Stolz auf die eigene Leistung. Aber welche Leistung bitte? Sich selbst und seine Gesundheit nicht ernst zu nehmen? Wie du in den bisherigen Kapiteln bereits gelernt hast, habe ich da inzwischen einen neuen Ansatz gewählt: „Wie hätte ich es gern?“ Die wichtigste Frage. Das stelle ich in den Vordergrund. Nicht das, was ich loswerden möchte. Krankheit, Müdigkeit und Co.

Über mein Burnout habe ich bereits ausführlich gesprochen, daher möchte ich in diesem Kapitel neue Aspekte mit dir teilen, die für mich belegen, dass das Thema Gesundheit dringend neu gedacht werden muss. Und die Kraft der Gedanken und des Umdenkens auch hier eine wichtige Rolle spielen.

Vor unserem älteren Sohn war ich schon einmal schwanger. Leider verlor ich das Baby in der 16. Woche, da es nicht lebensfähig war. Auch damals zog es mir den Boden unter den Füßen weg, ich hatte weder professionelle Hilfe, diesen Verlust zu verarbeiten, noch bereits selbst Strategien, damit umzugehen. Ich war unendlich traurig und erschwerend kam hinzu, dass das Thema damals in unserer Gesellschaft noch tabuisiert wurde. Niemand sprach darüber, es wurde unter den Deckmantel der Verschwiegenheit gekehrt. Im Verborgenen arbeitete es aber weiter. Mir ging es nicht gut, ich weinte viel, war verzweifelt. Lange wurde ich nicht schwanger. Meine Frauenärztin verzweifelte auch – was mich natürlich noch weiter runterzog – und schickte mich in ein Kinderwunschzentrum. Ich verstand die Welt nicht mehr, denn es hatte doch schon ohne Probleme geklappt. Ich war sofort schwanger geworden, weil ich den Kopf noch nicht eingeschaltet hatte und nun funkte mir dieser Kopf – was ich aber zu diesem Zeitpunkt noch nicht wissen konnte – mächtig in die Parade. Im Kinderwunschzentrum konnte man mir frühestens in zehn Wochen einen Termin geben und dann würde es noch sehr lange dauern, bis man mit der Therapie beginnen könne. Ich kam aus dem Weinen nicht mehr raus. Da rief zufällig eine Freundin an, die gerade erst Mama geworden war. Sie hörte, wie es mir ging, und gab mir den Kontakt ihres Frauenarztes. Vielleicht könne der helfen, er sei direkt neben meiner Arbeit. Ich rief sofort an, die Sprechstundenhilfe erkannte meine Lage und lud mich ein, sofort zu kommen. Gesagt, getan. Fünf Minuten später saß ich im Behandlungszimmer und ein ruhiger, erfahrener Arzt holte mich ab. Er holte mich ab von meinen übersprudelnden Sorgen und meiner Verzweiflung: „Frau Catana, kein Problem. Wir kriegen das hin. Sie sind beide zeugungsfähig, das haben sie ja bereits bewiesen. Wir monitoren das jetzt engmaschig und warten auf den nächsten Eisprung. Um den Zyklus zu normalisieren, nehmen sie ab dem ersten Tag der nächsten Blutung diese Tabletten. Dann kommen sie wieder. Bis dahin bleiben sie bitte im „Trainingslager“!“

Möchtest du raten, wie lange es dauerte? Du hast richtig geraten, ich kam bereits wenige Wochen später mit einem positiven Schwangerschaftstest in die Praxis und das Ergebnis ist heute zwölf Jahre alt. Wie konnte es sein, dass ich so schnell schwanger wurde, aber davor nichts geklappt hatte? Ich bin mir sicher, es lag an meinen Gedanken. An meiner Einstellung zum Thema „Schwangerwerden". Mein Arzt – ich wechselte natürlich damals zu ihm und ließ auch meine zweite Schwangerschaft von ihm begleiten – hatte mir aufgezeigt, dass es möglich ist. Er hatte mir das Vertrauen zurückgegeben und mir eine Lösung in Aussicht gestellt. Es hatte meinem Körper bereits genügt zu wissen, dass die „Wundertabletten" auf dem Nachttisch liegen und mit ihnen alles möglich ist. Ich hatte sie nicht gebraucht. Ist das nicht der Beweis dafür, was die Kraft unserer Gedanken ausmacht? Dank seines Vorgehens konnte sich mein System entspannen. Meine Gedanken kreisten nicht mehr um: „Warum nur werde ich nicht schwanger? Warum nur sollen wir kein gesundes Baby haben?" Ich dachte neu. Ohne die Kunst des Umdenkens zu kennen. Mein Kopf dachte vielmehr: „Aha, so werde ich also schwanger, wir monitoren und ab dem nächsten Zyklus nehme ich Tabletten. Kann gar nicht schiefgehen, denn ich bin ja bereits erfolgreich schwanger gewesen." Ohne seiner Kollegin zu nahe treten zu wollen, sie hatte meine Probleme mit ihrer Panikmache befeuert. Dieser Druck, dieses vorgeführt bekommen, dass es nichts wird, war nicht förderlich gewesen. Ich wünsche mir, mehr Ärzte wären sich der Wirkung ihrer Aussagen bewusst. Panikmache hat noch nie geholfen. Hingegen aber zuhören, Optionen eröffnen, Vertrauen zurückbringen.

Vielleicht glaubst du jetzt, dass sei einfach reiner Zufall gewesen. Mich erinnern die Tabletten (inzwischen schon lange nicht mehr auf, sondern im Nachtkästchen) daran, was allein der Glaube verändern kann. Ich habe sie als Erinnerung daran aufgehoben.

Ungeöffnet. Der Glaube kann Berge versetzen. Du glaubst es noch nicht? Du willst noch einen Beweis? Hier kommt er:

Ein Herz aus dem Takt – Welchen Einfluss die Angst auf den Körper haben kann

Im Studium machte ich das erste Mal Erfahrungen damit, welchen Einfluss die Angst auf den menschlichen Körper haben kann. Ein Kommilitone bekam vor dem Staatsexamen erhebliche gesundheitliche Beschwerden. Jedes Treppensteigen brachte ihn außer Atmen, sein Puls und sein Blutdruck spielten verrückt. Er war verzweifelt, denn niemand konnte erklären, woher diese körperlichen Beschwerden herrührten. Grundsätzlich war er gesund. Die Sorgen nahmen damit aber natürlich nicht ab, sondern zu, denn man fand keine Ursache. Der Arzt verschrieb Betablocker, um das Problem zu therapieren, und so konnte der Studienkollege zwar das Examen schreiben, aber gesundheitlich ging es ihm nach wie vor nicht gut. Zufällig las er irgendwann einen Artikel in der Zeitung über das Phänomen der Angst und wie bekannte Persönlichkeiten, wie Winona Ryder, ihre Angst in den Griff bekommen hätten. Im Artikel las er Zeile für Zeile eine Beschreibung seiner Situation. Angst vor dem Examen, Angst vor engen Räumen wie U-Bahnen, Kinos, Aufzügen, Taxis oder Angst vor vielen Menschen oder vor einem belebten Platz in der Innenstadt. All diese Situationen überforderten sein Herz, weil er Angst hatte. Er wusste allerdings nichts von dieser Angst, sondern spürte nur sein Herz rasen. Erinnerst du dich, dass ich zu Beginn des Buches den Zusammenhang zwischen unbewussten Gedanken und körperlichen Reaktionen und Gefühlen hergestellt habe? Er fühlte sich unwohl, schlecht, krank, bekam keine Luft zum Atmen. All die einzelnen Situationen konnte er nicht erkennen, denn sein Verstand fand unter all diesen „Auslösern" keinen gemeinsamen Nenner. Ihm kam es so vor, als „überfielen" ihn diese Herzattacken überall. Egal ob er sich sportlich betätigte oder gemütlich einen Film anguckte. Egal ob er spazieren ging oder in der U-Bahn saß. Ob er in der Bibliothek lernte oder Aufzug fuhr. Und plötzlich die Erkenntnis, dass und wie alles zusammenhing. Vermutlich ging es ihm wie mir, als ich feststellte, dass mein Zusammenbruch „nur" ein Ergebnis meiner Gedanken war. Er suchte sich Hilfe und überwand in einer Verhaltenstherapie seine Ängste, die sein Herz aus dem „Takt" gebracht hatten. Guess what! Betablocker und Co. gehören schon lange nicht mehr zu seinem Leben. Er ist gesund und kann das Leben in vollen Zügen genießen.

Als ich begann, mir Gedanken zum Inhalt dieses Kapitels zu machen, fiel mir etwas auf. Ich konnte einen Zusammenhang zwischen meinem Zusammenbruch und Angst herstellen. Das war mir zuvor gar nicht bewusst gewesen. Immer wieder diese Spielchen des lieben Unterbewusstseins. Dass etwas mit mir nicht stimmte, machte ich damals unter anderem daran fest, dass ich mitten in der Nacht mit Herzrasen aufwachte, schweißgebadet war und natürlich mit einem rasenden Puls nicht mehr schlafen konnte. Ich tigerte durchs Haus und schob alles auf den Stress, die Situation in Italien, auf den Druck im Büro. Auf den Druck, den ich mir machte, genauso wie auf den Druck, der

der Situation geschuldet war. Auf die Idee, dass meine Körper versuchte, meine eigene Angst vor Corona zu verarbeiten oder darauf hinzuweisen, kam ich damals nicht. „Angst essen Seele auf" heißt ein Film von Rainer Werner Fassbinder. Der Satz trifft es meines Erachtens sehr gut. Und ich merke in meiner Familie, an mir selbst, den Freunden und auch Kunden, dass die neueste politische Lage und die Sorge vor einem Krieg in der EU die Menschen wieder in Angst versetzt. Wie reagiert der Körper, was stellen wir fest?

Der Angst-Seismograph – Mein Frühwarnsystem, um Angst-Situationen zu entschärfen

Ich stelle mir für diese Situationen inzwischen eine Art Frühwarnsystem vor. Gleich einem Seismographen, der Vulkanausbrüche oder Tsunamis rechtzeitig vorhersagen kann. Rechtzeitig ist in diesem Zusammenhang ein wichtiges Wort. Ich berichte dir von einem weiteren Fall, bei dem ich das lernen durfte.

Letzten Herbst musste ich meinen weinenden Sohn aus der Schule abholen, die Sekretärin rief an und sagte er sei krank. Abgeholt sagte er mir, ihm sei während einer Matheschulaufgabe schlecht geworden. Nichts Ungewöhnliches. Zuhause ging es ihm bald besser und er ging wieder zur Schule. Einige Tage später, gleiche Situation. Wieder war nichts festzustellen, kein Durchfall oder Erbrechen. Jetzt sprang mein Frühwarnsystem an, lockte mich aber zunächst auf eine völlig falsche Fährte. Ich vermutete Probleme in der Schule, wusste aber nicht, ob es um schulische Angelegenheiten oder um Freundschaften ging. All meine wohlgemeinten Fragen und mein Einfühlungsvermögen lieferten kein Ergebnis. Eines Tages musste ich ihn von einem Kindergeburtstag abholen. Aus einer Eisdiele?! Wo ist hier bitte der Fehler? Liebes Frühwarnsystem, was sehe ich nicht? Eisessen auf einer Geburtstagsparty mit den besten Freunden (von denen ich weiß, dass sie alle wirklich gute Freunde sind) kann doch kein Problem sein! Kann es aber leider eben doch. Am Abend – verzweifelt über den gemeinsamen Nenner nachdenkend – fiel es mir wie Schuppen von den Augen. Corona. Dummerweise hatten seine Eltern, also mein Mann und ich, ihm irgendwann mal gesagt, er solle bitte besonders aufpassen und sich immer gleich die Hände waschen. Er ging damals zur Schule, natürlich auch mit „großen Kindern", von denen damals behauptet wurde, sie wären als Partygänger die Treiber der Pandemie. Damals gab es noch keine Impfungen für sein Alter. Er hatte Angst, sich anzustecken. Wer kann es ihm nicht nachempfinden? Mir tut es so leid, das damals nicht früher erkannt zu haben, sondern erst mal klassisch die „üblichen" Verdächtigen ins Visier genommen zu haben. Als ich ihn an jenem Abend fragte, ob er Angst habe, sich mit Corona anzustecken, brach er in Tränen aus. Er hatte nicht nur Angst, sich anzustecken, sondern er hatte Angst, uns damit zu gefährden. Mein armer, kleiner Hase! Was hattest du dir da für eine Last aufgeladen, ohne dass wir es kapierten! Wenigstens hatten wir nun endlich den Grund seiner „seltsamen Krankheit" gefunden. Wenn man weiß, warum es geht, ist Hilfe möglich. Wir sprachen viel darüber. Darüber, dass er keine Verantwortung trage. Wenn jemand erkranke, sei das nur dem Umstand geschuldet, dass es das Virus gebe! Man könne nur Vorkehrungen treffen: Hände waschen, Maske tragen und Abstand halten. Über seine Angst zu sprechen, half. Zwar war die Angst nicht ganz zu eliminieren, aber er konnte sie erkennen und benennen. Irgendwann konnte er sich impfen lassen. Er lernte, dass Angst körperliche Beschwerden hervorrufen kann. Gemeinsam entwickelten wir Strategien, gegen die Angst vorzugehen, egal vor oder wegen was.

Ich sage immer, Angst ist das gedankliche Leugnen der Realität. Oder der Traum, dass etwas nicht eintreten möge. Beispiel: Ich habe Angst, mich anzustecken, bedeutet, dass ich die Realität – jetzt gerade gesund zu sein – nicht aktiv wahrnehme. Ich stelle die Sorge vor etwas zukünftig Negativem vor das aktuell Positive. Die Mücke und der Elefant. Was war zuerst da? Die aktuelle Gesundheit, die ich mir allein kraft meiner Sorgen kaputt mache! Wenn mein Sohn Angst hat und diese wahrnimmt, bitte ich ihn, mir zehn Dinge zu sagen, die aktuell super sind. Zum Beispiel: Ich kann stehen, ich kann gehen, ich kann essen, ich kann hören, ich kann sehen, mir geht es jetzt gut, ich kann lachen, ich kann rennen und so weiter. Das hilft ihm, aus der Angst-Situation herauszukommen und in die Welt der Realität zurückzukehren. Raus aus dem Alptraum im Wachzustand! Die Achtsamkeits- und Dankbarkeitsübungen aus Kapitel 7 eignen sich selbstverständlich auch sehr gut dazu, in kritischen Situationen umzudenken. Was höre ich, wie fühlt sich der Fußboden an, wofür bin ich dankbar und so weiter, können die Gedankenspirale der Angst unterbrechen.

Von Unverträglichkeiten und Katzenhaaren – Warum wir auf unsere innere Stimme hören sollten

Im Zusammenhang mit meinem Zusammenbruch wurde alles Mögliche untersucht und getestet und so kam es, dass bei mir eine Lebensmittelunverträglichkeit diagnostiziert wurde. Ich war zunächst von dem Ergebnis erschüttert, denn ich hätte so gut wie nichts mehr essen dürfen, was ich bisher gern gegessen hatte. Ich fing an, möglichst viel Wissen dazu aufzusaugen, kaufte mir meterweise Literatur und Kochbücher. Bald wusste ich alles zu dem Thema und hätte ein Buch schreiben können. Lange Zeit hielt ich mich sklavisch dran, du erinnerst dich, das war eine Zeit, als es mir ohnehin sehr schlecht ging, also tat ich alles, damit es mir vermeintlich „besser" ging. Und so beschäftigte sich mein Kopf auch weiterhin nur mit Problemen: „Das darf ich nicht essen, das kann ich nicht kaufen." Ich hatte eine App, in der ich frisches Obst und Gemüse auf seine Inhaltsstoffe grammgenau analysieren konnte, es wurde eine Wissenschaft. Das Essen machte mir keine Freude mehr. Es war nur noch eine Aneinanderkettung von schlechten Nachrichten. Waren wir – was coronabedingt zum Glück selten genug der Fall war – auswärts essen oder irgendwo eingeladen, konnte ich natürlich wieder jammern und mich beschweren, nichts essen zu können. Ich hielt mich also, so gut es ging, an die Vorgaben. Mit welchem Ergebnis? Es ging mir kein bisschen besser! (ACHTUNG! Hinweis: Ich bin kein Arzt, kein Therapeut und auch kein Ernährungsberater. Ich berichte hier NUR von meinen eigenen Erlebnissen.) Das Thema Essen blieb eine Qual. Und wie gern esse ich doch eigentlich. Essen ist für mich als Halbitalienerin ein wichtiger Bestandteil des Lebens. Freude am Kochen und am gemeinsamen Essen. Freude am Gaumengenuss. Ich weiß nicht mehr, wann ich es entschied, aber irgendwann hielt ich mich nicht mehr an die Pläne. Jede Mahlzeit, jeden Tag etwas weniger. Irgendwann achtete ich gar nicht mehr darauf. Es war für mich kein Thema mehr, an das ich noch einen Gedanken verschwendete. Siehe da: Ich lebe noch. Es geht mir gut. Besser denn je. Habe ich eine Lebensmittelunverträglichkeit? Vielleicht, ich weiß es nicht. Und selbst wenn es die Laborwerte besagen, ich genieße das Essen wieder und denke nicht darüber nach, dass mir jeder Bissen schaden könnte. Auch eine Art von Angst, die ich loslassen konnte. Heute frage ich mich, ob ich jemals draufgekommen wäre, wenn man mich nicht untersucht hätte? Verstehe mich bitte nicht falsch. All den medizinischen Fortschritt, den wir heute kennen, möchte ich weder missen noch verunglimpfen. Ich möchte mit dieser Geschichte, die ich selbst erlebt habe, aber dafür sensibilisieren, sich AUCH die mentalen Auswirkungen vor Augen zu führen. Hören wir mehr auf unsere innere Stimme: „Tut mir das wirklich gut, oder macht es das alles nur noch viel schlimmer?“ Die Kraft der Gedanken, positiv wie negativ, ist nicht zu unterschätzen. Hab ich heute vielleicht manchmal Bauchkneifen oder -grummeln? Ja. Mach ich mich deswegen verrückt oder freue ich mich lieber, einfach gesund zu sein, und halte das Grummeln für eine ganz normale Verdauung?

Dass Diagnosen nicht immer relevant sein müssen, hatte ich übrigens bereits Jahre zuvor erlebt. Ich litt eine Zeit lang unter ständigen Erkältungen. Das war zu der Zeit, als die Jungs noch sehr klein waren. Wir Eltern kennen das alle, dass die Kids – insbesondere in ihren ersten zwei Lebensjahren – alle möglichen Infekte mit nach Hause bringen, und wir Eltern meist länger krank sind als die Kinder, weil wir diesen Viren schon lange nicht mehr ausgesetzt waren, das Immunsystem der Kids allerdings auf Hochtouren läuft und sie daher diese Infekte schneller verarbeiten. In dem Zusammenhang testete man mein Blut und stellte fest: keinerlei Allergie (Wie schön, dass man das mal gesagt bekommt. Ich für mich hatte das bereits festgestellt.) – mit Ausnahme von Katzenhaar. Ich fragte damals: „Mit Ausnahme von WAS?“ Seit meiner Kindheit lebe ich zusammen mit einer Katze. Ich hatte noch nie eine Katzenhaar-Allergie. Also verwarfen wir die Diagnose. Wäre es schlau gewesen, die Nachricht mit der Lebensmittelunverträglichkeit damals gleichermaßen zu beantworten? Kann nicht sein, hab ich nicht!? Nein. Ich habe für mich gelernt, jeden Gedanken auf seine Umkehrmöglichkeit zu überprüfen. Das mache ich mit der folgenden Übung, die auch dir mit einer Herausforderung, die sich dir aktuell stellt, helfen kann.

„Reverse Engineering" – Finde die Lösung im Endergebnis!

Der Begriff „Reverse Engineering" kommt aus dem Maschinenbau. Anders als bei der Blackbox-Methode – bei der die inneren Abläufe außer Acht gelassen werden – versucht man hier für ein technisches Problem die Lösung im Endprodukt zu finden.

- Was macht die Information mit mir?
- Wie fühlt es sich an?
- Inwiefern beeinflusst es meine Situation, ohne sie zu verbessern?
- Gibt es eine andere Option, einen anderen Gedanken, der sich besser anfühlen würde?
- Was würde sich besser anfühlen?
- Was wäre das Ergebnis, das ein besseres Gefühl auslösen würde?
- Was müsste ich dafür tun?

Ich liebe folgenden Satz, der sich mir wie ein Mantra eingeprägt hat: „Start with the end in mind!", „Beginne mit dem Endprodukt vor Augen!" Stelle dir vor, wie es am Ende aussehen soll, dann kannst du von dort starten und die einzelnen (Produktions-)

Schritte rückwärts gehen, bis du den ersten Schritt gefunden hast. Dann kann man das Ganze einmal vorwärts abspielen, das Ergebnis entspricht automatisch dem Gewünschten. Ich finde diesen Ansatz genial und übertrage ihn gern auf meine Gedankenwelt. Wie soll es am Ende aussehen? Wie will ich mich am Ende fühlen? Was sind die Schritte, die ich (in Gedanken) rückwärts gehen müsste? Was ist in der Betrachtung der gefundenen Schritte der letzte, also der erste, wenn ich von vorne beginne? Hast du für dich den ersten Schritt zum gewünschten Ergebnis gefunden? Dann gehe diesen einen Schritt! Fürs Erste genügt dieser eine Schritt. Denke um: „Wie könnte es gehen?“, statt: „Das ist halt so!“ Alle weiteren Schritte ergeben sich dann von selbst. Auf italienisch heißt es so schön: „Caminando s’impara“, „Laufen lernt man nur gehend“. Bleib ich aber gleich stehen und verzweifle, lasse meinen Gedanken in meinem Kopf freie Bahn, kann es sei, dass ich nie oder am falschen Ort ankomme. Eine Kurskorrektur ist jederzeit möglich. Das ist das Wunderbare an der Kraft des Umdenkens. Es ist nie zu spät!

„Am Ende wird alles gut. Und wenn es nicht gut wird, ist es noch nicht das Ende.“ Ein weiser Satz (angeblich) von Oscar Wilde.

Guter Schlaf ist nicht teuer – Wie ich den Schlafneid besiegte

Ich litt in der Vergangenheit übrigens noch an einer anderen, weit verbreiteten „Krankheit", nämlich an „Schlafneid". Kaum jemand kann sich vorstellen, dass das Thema Schlafen etwas mit positiver Psychologie zu tun hat. Gleich erzähle ich dir, warum ich inzwischen davon überzeugt bin.

Seit der Geburt meiner Jungs war ich eine schlechte Schläferin. Ehrlicherweise muss ich sagen, dass ich auch davor keine gute Schläferin war. Zumindest nicht, wenn ich woanders schlief. In Hotels war ich – mein Mann machte sich damals immer lustig über mich – erst einmal damit beschäftigt, alle angeblichen Schlafverhinderer aus der Welt zu schaffen. Das bedeutete, den Fernseher auszustecken, da ich das rote Licht nicht ertrug. (Die Einführung von blinkenden Rauchmeldern war der schiere Alptraum für mich, denn ich konnte nichts davorkleben oder -hängen.) Oder etwas nicht Lichtdurchlässiges vor die rote Lampe zu kleben, falls man ihn nicht ausstecken konnte, was mich zur Weißglut trieb. Ich hatte eine Technik entwickelt, wie auch garantiert kein Licht mehr durch den Vorhang kommen und mich wecken konnte. Grundsätzlich mussten wir das Zimmer wechseln, wenn es zu nah am Aufzug war. (Ich hörte die ganze Nacht das „Ping" der aufgehenden Aufzugtür.) Oder wenn es nicht zum ruhigen Innenhof hin lag. Natürlich gab ich das auch immer schon bei der Reservierung an. Heute lache ich Tränen, während ich das hier schreibe. Oh mein Gott, hätte ich doch damals schon etwas von der Kraft der positiven Gedanken gewusst. Aber zurück zum Schlafneid. Als ich Mutter wurde, waren die Störquellen natürlich ganz andere. Mein Schlaf war grundsätzlich aus den Fugen geraten. Entweder ich lag abends noch lange wach und konnte nicht einschlafen, obwohl ich hundemüde war, oder ich war nachts oder viel zu früh aufgewacht und konnte nicht wieder einschlafen. Alle anderen schliefen seelenruhig, nur ich war wach. Dabei war ich doch so müde! Total gerädert, fix und alle. Warum nur schlafen alle, nur ich nicht? Wer noch nie Schlafneid hatte, herzlichen Glückwunsch. Wer es kennt, wird mir beipflichten, es ist die Hölle. Und wer ist schuld? Na klar, die anderen. Wieso können die schlafen, wo ich doch so müde bin. Und jetzt schnarcht auch noch jemand. Ich flippe aus!

Frage: Könntest du mit all diesen Gedanken im Kopf gut schlafen? Mal ehrlich, man muss nicht Einstein sein, um zu erkennen, dass diese Gedanken einen wach halten. Nicht die Person, die schläft und natürlich Geräusche von sich gibt. Ich schnarche bestimmt auch, nur habe ich mich noch nie selbst gehört. Das ist das Dilemma: Man ist so sehr mit sich und seinen Schlafproblemen beschäftigt, dass man nicht mehr entspannen kann. Ich habe mich regelrecht selbst um den Schlaf gebracht, weil ich mich in diese Gedankenspirale auch noch so reingesteigert habe. „Wenn ich jetzt nicht endlich schlafe, bin ich morgen total gerädert. Wie soll ich nur den anstrengenden Tag überstehen, wenn ich zu wenig Schlaf hatte. Wie soll ich im Büro konzentriert gute Qualität abliefern oder in Meetings volle Aufmerksamkeit schenken, wenn ich jetzt schon Stunden wachliege und mich erfolglos von einer Seite auf die andere rolle und bald noch total wahnsinnig werde, wenn ich jetzt nicht sofort einschlafe?“

Start with the end in mind! Wie hätte ich es gern? Ich schlafe wunderbar, scheißegal, was um mich herum los ist. Ob Licht ist, ob jemand schnarcht, ob eine Aufzugtür „Ping" macht, mir doch egal. Früher schrieb ich mir vor: „Jetzt hör doch mal auf zu denken! Oh, verdammt, das war jetzt auch wieder ein Gedanke. Oje, wie höre ich denn jetzt endlich auf zu denken? Oh no, das war ja jetzt schon wieder ein Gedanke. Giulia, hör jetzt sofort auf damit!" Heute führe ich solche Gespräche mit mir selbst nicht mehr. Ich habe gar keine Zeit und Lust dazu. Mit ein bisschen Übung, es mir bildlich vorzustellen, schlafe ich heute häufig wie ein Baby, egal, was um mich herum los ist. Ich kann seitdem sogar mittags schlafen. Hätte mir früher jemand einen Power Nap vorgeschlagen, hätte ich die Person für verrückt erklärt. Am helllichten Tag, mitten aus dem Tun heraus schlafen, da bin ich viel zu wach für, das ginge nie, hätte ich geantwortet. Heute weiß ich es sehr zu schätzen, kurz mal Energie zu sammeln, bevor es dann wieder weiter geht. Gesund ist es obendrein.

Schlafe ich deswegen jetzt nur noch super? Nein, ich werde sogar häufig sehr früh wach und habe daraus eine Tugend gemacht. Ich quäle mich nicht wie eine rotierende Frühlingsrolle im Bett, sondern stehe auf. Und genieße es, etwas nur für mich machen zu können, während alle anderen noch schlafen. Ein gutes Buch zu lesen, bei einer Kerze einen warmen Tee zu trinken. Meine Gedanken zu sortieren, an diesem Buch zu schreiben oder mir die Reflexionsfragen aus meinem 5-Minuten Tagebuch zu stellen. Etwas zu tun, das ich gern mache. Bin ich dann traurig, schon so früh wach geworden zu sein? Nein, ich freue mich und bin dankbar, anscheinend schon so viel geschlafen zu haben, dass mir mein Körper mittels Aufwachens das Signal gibt, du hast jetzt genug geschlafen. Ich habe aufgehört, über meinen Schlaf nachzudenken und mich darüber zu ärgern, als Einzige nicht zu schlafen. Ich habe umgedacht und es in einen positiven Gedanken umgewandelt. Ich genieße es, morgens ganz alleine wach zu sein. Kommt ein kleiner Besucher, der nach mir wach wird, ärgere ich mich nicht, meine „wertvolle Zeit nur für mich" verloren zu haben, sondern denke erneut um und freue mich, gemeinsame Zeit mit diesem Kind genießen zu können. Etwas zu spielen, das man nur zu zweit spielen kann, oder noch ein bisschen zu kuscheln. Denn gemäß dem Motto „Start with the end in mind!" möchte ich (am Ende) ausgeruht, glücklich und zufrieden sein. Morgens, tagsüber und abends. Da helfen mir weder Ärger, Schlafneid, Wachliegen noch Gedankenwälzen.

In meinem 5-Minuten Tagebuch teile ich viele Übungen, wie wir aus sogenannten Energieräubern Energiespender machen können und wo wir Energiespender finden können, wenn wir sie vor lauter Bäumen im Wald nicht erkennen können. Nur kraft unserer Gedanken. So freut es mich, dass diese Übungen einer Leserin sogar einen besseren Schlaf bescherten. Sie schrieb mir: „Seit ich abends im 5-Minuten Tagebuch arbeite, wache ich seltener auf und vor allem schlafe ich schneller ein." Auch hier lade ich dich wieder ein, mit meinem 5-Minuten Tagebuch zu arbeiten und die Erfolge zu sehen.

Auf einen Blick

Auch bei gesundheitlichen Aspekten gilt es, die Macht der Gedanken nicht außer Acht zu lassen. Insbesondere kann es ratsam sein, zu untersuchen, ob Angst oder andere negative Gedanken dahinterstecken. Auch guter Schlaf beginnt mit der positiven Vorstellung, wie du es am Ende gerne hättest.

Wichtiger Hinweis: Ich bin keine Ärztin, keine Therapeutin und keine Ernährungsberaterin. Ich berichte hier NUR von meinen Erlebnissen.

9. KAPITEL

FAMILIE UND BERUF – WIE SICH BEIDES ERGÄNZT

Vom Aberglauben, eine schlechte Mutter zu sein – Die Qualität deiner Mutterliebe hat nichts mit dem Verzicht auf dein eigenes Glück zu tun

Mit der Vereinbarkeit von Familie und Beruf ist es ein bisschen wie mit dem Aberglauben. Wenn wir daran glauben, dass etwas Schlimmes passiert, wenn wir eine schwarze Katze sehen, und uns prompt ein Joghurt aus dem Kühlschrank fällt, finden wir die Bestätigung für das, was wir glauben „wollen". Das musste ja passieren, die Katze ist schuld.

In meiner Tätigkeit als Personalleiterin stelle ich leider immer wieder fest, dass auch viele arbeitende Mütter einem Aberglauben unterliegen, nämlich dem, keine gute Mutter zu sein. Dem, dass man beides eben nicht haben kann, beruflichen Erfolg und ein glückliches Familienleben. (Väter dürfen aber alles haben?)

Dass es unseren Kindern nur gut geht, wenn wir uns aufopfern, beruflich wie finanziell zurückstecken und den lieben Papas den Rücken freihalten. Diese sind manchmal aber auch mit der plötzlichen Alleinverdiener-Rolle überfordert. Häufig erlebe ich in meiner Community Frauen am Rande der Erschöpfung, denn im Hamsterrad zwischen einer Teilzeitstelle (die Einkommensverluste und keine Erfüllung bringt, sondern als notwendiges Übel betrachtet wird), zu hohen Steuern mit Steuerklasse 5 und dem Frust, für alles allein zuständig zu sein, ist es einfach nicht leicht. Männer outen sich zwar hingegen seltener, aber auch sie sind mit der klassischen Vaterrolle häufig unzufrieden.

Zurück zum von mir beobachteten Phänomen des Aberglaubens finden Mütter im deutschsprachigen Raum aller Orten die Bestätigung dafür, dass eine Gleichberechtigung auf dem Arbeitsmarkt hinsichtlich Gehalt und beruflichen Entwicklungsmöglichkeiten nicht gegeben ist. Sie machen Arbeitgeber für diese Ungerechtigkeit verantwortlich, statt zu erkennen, dass es auch mit ihnen selbst zu tun hat, wenn sie sich als Mama dafür entscheiden, sich für die Familie „aufzuopfern".

Häufig erlebe ich sowohl in meinem privaten und beruflichen Umfeld als auch in den Beiträgen auf Social Media, dass mir unterstellt wird, keine gute Mutter zu sein. Woher kommt das? Seit wann hat die Qualität einer Liebe, Fürsorge und Bindung etwas mit Verzicht auf das eigene Glück zu tun? Das Gegenteil ist nachgewiesenermaßen der Fall: Kinder von berufstätigen Eltern profitieren von der Qualität der Beziehung. Denn es geht nicht um Quantität. Ich bin sogar der Meinung, dass eine von ihrer Situation gestresste und genervte Mutter es ungleich schwerer hat, Glück und Zufriedenheit auf ihre Kinder auszustrahlen. So sehr sie sie auch liebt. Hierbei ist es mir wichtig zu betonen, dass es bei Glück und Zufriedenheit kein Richtig und kein Falsch gibt! Möge jede Familie für sich das Modell wählen, mit dem ALLE happy sind. Also allen voran die Erwachsenen und somit auch automatisch die Kinder. Und darum geht es mir, dass auch wir Mütter ein Recht darauf haben, ein Leben zu leben, das UNS glücklich macht. Auch wenn – wie bei mir – dazugehört, dass ich leidenschaftlich gerne einem Beruf nachgehe, den ich schon vor der Mutterschaft ausgeübt habe, bei dem ich einen Mehrwert für die Gesellschaft schaffe (unabhängig von dem Mehrwert, Kinder großzuziehen) und die Fertigkeiten und Kenntnisse, die ich im Laufe der Jahre erworben habe, nicht im Kreißsaal verloren habe, sondern weiterhin nutzen und davon auch finanziell die Früchte ernten möchte. In keinem anderen Land der Welt gibt es das Wort Rabenmutter. Warum werden nur hierzulande Frauen als solche bezeichnet? Natürlich liebe ich meine Kinder über alles und würde alles für sie tun. Aber muss ich deswegen aufhören, zu leben, zu arbeiten? Voraussetzung ist natürlich, dass es organisatorisch klappt. Und hier appelliere ich auch an alle Papas. Wenn Mama alles alleine machen muss, kann es nicht klappen. Rein mathematisch schon nicht. In Ländern wie Frankreich kennt man die Diskussion um Rabenmütter gar nicht. Warum ist dieser Aberglaube nur hier so verbreitet? Lösen wir ihn doch gemeinsam einmal auf, du weißt inzwischen ja schon wie. Wir denken um und betreiben „Reverse Engineering". Start with the end in mind!

An dieser Stelle möchte ich zunächst eine kurze Geschichte erzählen, um erneut zu zeigen, dass das in allen Lebensbereichen klappt. Auch wir mussten erst die Erfahrung sammeln, dass beide Eltern arbeiten können, und hätten es uns vielleicht ohne Hilfe nicht zugetraut, wenn wir nicht vom Schicksal dazu gezwungen gewesen wären. Als unsere Jungs noch kleiner waren, hatten wir ein Au-pair-Mädchen aus Italien. Die Jungs sollten von klein auf die Sprache meines Vaters lernen. Ich selbst sah mich dazu außer Stande, denn meine „Mutter"-sprache ist nun mal Deutsch. Das Au-pair unterstützte uns in der Kinderbetreuung. Die Jungs waren bis am Nachmittag im Kindergarten beziehungsweise der Krippe. Hatten wir zufällig beide mal nachmittags (das war viele Jahre vor der Pandemie und Homeoffice noch etwas Seltenes) einen Termin, holte sie die Kinder ab und spielte mit ihnen bei uns zuhause, bis einer von uns nach Hause kam. Ansonsten kam ich nachmittags nach Hause, um mit den Jungs etwas zu unternehmen oder um mit nur einem Kind Quality Time zu verbringen. Dann blieb das jeweils andere in ihrer Obhut. So konnten die Kinder auf spielerische und liebevolle Weise Italienisch lernen, eine tolle Win-win-Situation für alle. Ein relativ stressfreies Modell. Doch eines Tages ging es dem Au-pair morgens nicht so gut und sie klagte, sich schon seit einiger Zeit schlapp zu fühlen. Ich empfahl ihr, gleich zu unserem Hausarzt zu gehen, und vereinbarte einen Termin. Sie hatte eine Blutabnahme, nun wartete man die Ergebnisse ab, weiter nichts Besonderes. An jenem Nachmittag war ich zuhause, als es unerwartet an der Haustür klingelte. Vor der Tür stand die Sprechstundenhilfe und erkundigte sich, ob das Mädchen bei uns wohne, es habe leider keine Telefonnummer hinterlassen.

Es sei aber sehr dringend! Die Blutabnahme habe ergeben, dass sie sofort ins Krankenhaus müsse. Eine erbliche Krankheit hatte sich gezeigt, die bisher unentdeckt gewesen war, aber ohne Medikamentengabe lebensbedrohlich gewesen wäre. Was für ein Schreck! Wir fuhren sofort los und ich blieb bis spät in die Nacht bei ihr und hielt Kontakt zu ihren Eltern. Man konnte ihr helfen. Sie brauchte allerdings Ruhe, um sich zu erholen. Es war klar, dass wir erstmal ohne sie leben würden.

Wie sollten wir das nur schaffen? Wir starteten mit dem Ergebnis zuerst: Wir bekommen das als Familie auch alleine hin. Wie kann das gelingen? Wir suchten nicht nach Problemen (die Hilfe fällt aus), sondern nach Lösungen. Also klügelten mein Mann und ich noch in der Nacht einen Plan aus, wie wir uns die Betreuung aufteilen könnten, ohne auf externe Hilfe angewiesen zu sein. Ja, für den Notfall gab es noch Omas und Opas, aber bis heute sind das extreme Notfälle, die sehr selten vorkommen. Ergebnis: Ich gehe morgens schon um 6:30 Uhr ins Büro, damit ich nach acht Stunden Arbeit und einer vorgegebenen Mittagspause von 45 Minuten um 15:15 Uhr Schluss machen kann, um die Jungs um Punkt 15:30 Uhr abzuholen. Das große Glück war, dass ich damals eine sehr verständnisvolle Chefin, einen Arbeitgeber mit einem flexiblen Arbeitszeitmodell und einen ultrakurzen Arbeitsweg hatte. Und einen Partner, der schon seit meiner Rückkehr in den Beruf die morgendliche Kinder-Schicht übernommen hatte, da er abends eher später nach Hause kam und nicht nur ein Gute-Nacht-Papa sein wollte. Es war schon hart, so früh ins Büro zu fahren, wenn alle anderen noch schliefen. Aber da ich vom Biorhythmus ein Frühaufsteher bin, fiel mir zumindest das Aufstehen leicht. Zu so früher Stunde alleine im Büro zu sein, klappte nach einer Weile wunderbar, ich glaube sogar, es war das Geheimrezept, all die Aufgaben bewältigen zu können, die damals täglich auf meinem Tisch landeten. Denn bis die Ersten gegen 8:00 Uhr im Büro erschienen, lenkten mich keine eingehenden E-Mails, keine Telefonanrufe und auch kein Gesprächspartner ab. Ich konnte alles aufarbeiten, was ab 15:15 Uhr des Vortages liegen geblieben war. Eiliges beantwortete ich zwar meist noch abends vom Diensthandy, wichtige Anrufe nahm ich an, aber die Aufgaben, für die man Unterlagen brauchte, solche erstellen musste oder sich einfach konzentrieren musste, konnte ich so in Ruhe bearbeiten.

Zunächst dachten wir, dass wir dieses Modell nur für eine kurze Übergangsphase würden durchhalten können und hatten im Hinterkopf, zeitnah ein neues Au-pair-Mädchen zu suchen. Doch sehr bald stellten wir beide und die Kinder fest, wie schön es war, unter uns zu sein. So sehr wir unsere Au-pairs mochten und so hilfreich ihre Anwesenheit bei uns zuhause war, so sehr freuten wir uns auch über das Familienleben ohne Gast. So wurde aus einer Notlösung unser Lebensmodell für die Vereinbarkeit von beruflicher Erfüllung, Karriere und einem glücklichen Familienleben.

Weg mit dem schlechten Gewissen! – Das natürliche Recht jeder Frau, sich weiterzuentwickeln

Wie ich schon in den vorherigen Kapiteln beschrieben habe, ist mir die seelische Gesundheit meiner Kinder sehr wichtig, beschäftige ich mich mit Emotions-Coaching und praktiziere mit den Kindern gemeinsam Achtsamkeit. Obwohl ich arbeite. In meinen Augen schließt das eine das andere nicht aus. Generationen von Frauen haben Kinder gehabt und gearbeitet. Eine Unterscheidung in Vollzeit oder Teilzeit gab es ebenfalls nie. Auf dem Hof oder auf dem Feld, die Frau musste überall mithelfen, um das Überleben aller zu sichern. In Zeiten der industriellen Revolution wurden Frauen in den Fabriken an den Fließbändern gebraucht und arbeiteten zu menschenunwürdigen Arbeitszeiten (obwohl sie noch nicht wählen durften). Auch die Kinderbetreuung war in jenen Zeiten nicht kindgerecht: So mussten die Kinder von Arbeiterfamilien schon in den Fabriken mithelfen und die schlechtesten Jobs verrichten. In manchen Teilen der Welt ist das leider heute noch so.

In einem „modernen“ Land wie Deutschland sind wir aber von der Gleichberechtigung der Frauen weit entfernt. Frauen werden in Einstellungsgesprächen nach ihrer Familienplanung gefragt, Männer nicht. Dabei braucht es ja Mann und Frau, um Eltern zu werden. Sogenannte „moderne Väter“ gibt es zunehmend, was mich für uns alle freut! Für die Gesellschaft, für die Kinder und für uns Mütter. Aber ich wünsche mir auch ein Umdenken von uns Frauen. Solange wir den Aberglauben „Das klappt ja eh nicht!“, „Mir hilft niemand.“, „Da geht ja das ganze Geld für die Betreuung drauf.“, „Da bekomme ich ja viel zu wenig raus bei der Steuerklasse.“, „Wie soll ich das nur schaffen?“, „Das ist mir zu anstrengend!“, „Die Kinder leiden darunter, wenn ich nicht bei ihnen bin.“, „Die Kinder nehmen Schaden daran, wenn ich arbeite.“ und so weiter mantramäßig wiederholen, unterstützt das diese Denkweise, da wir weiterhin negative Beweise sammeln werden, nur um Recht zu behalten. (Du erinnerst dich sicherlich: Der Verstand will immer Recht behalten.) Das finde ich in höchstem Maße bedenklich. Denn wer ist der Schlüssel für eine Veränderung? Wenn wir darauf warten, bis die Gesellschaft sich endlich öffentlich dazu bekennt, dass sie uns Unrecht getan hat, werden wir warten, bis wir selbst nicht mehr da sind. Ich möchte aber, dass sich bereits heute etwas ändert. Und morgen. Und übermorgen. Aber dazu müssen wir heute etwas in uns ändern: die Art, wie wir über Familie und Beruf denken. Weg mit dem schlechten Gewissen!

Wer sagt, dass berufstätige Mütter ihre Kinder nicht genauso lieben wie andere? Das wurde uns Frauen, so glaube ich, erstmals im Dritten Reich eingeredet. Ehrlicherweise weiß ich es aber nicht. Ich könnte mir vorstellen, weil wir schon früher unbequeme Fragen gestellt hätten? Vielleicht war es aber auch erst im Wirtschaftswunder, als es nach dem Krieg und den vielen Gefallenen zu wenige Männer gab, um alle bisher männlichen Positionen zu besetzen? Also mussten wir Frauen an den Herd, um ihnen einen Arbeitsplatz zu verschaffen, um die Familie ernähren zu können? Und weil dann das Wunder geschah, hielt man das Konzept für dauerhaft erfolgsversprechend? Ich bin keine Politikwissenschaftlerin und auch keine Historikerin. Aber auffällig bleibt, dass in Amerika, Afrika oder Spanien sich niemand die Fragen stellt, die wir uns stellen. Auch in Schweden, Dänemark und Holland nicht. Französische Mütter würden sich nie die Frage stellen, ob ihre Kinder einen Schaden erleiden, wenn sie wieder arbeiten gehen. Sie würden über diesen Gedanken lachen.

Apropos Lachen, auch darüber hatte ich ja schon gesprochen: Lasst uns lieber darüber lachen, dass wir und die Gesellschaft solange diesem Märchen (Aberglauben) aufgesessen sind und es geglaubt haben. Und lasst uns wohlwollend zur Gesellschaft und uns selbst sein, um im nächsten Schritt die Veränderung zu beginnen. Immer das Ergebnis vor Augen. Jede Einzelne von uns.

Ich kann natürlich nur von uns berichten, aber Menschen, die wir als Familie neu kennenlernen, sind häufig zunächst sehr irritiert, dass wir beide Vollzeit und in verantwortungsvollen Positionen arbeiten: „Muss das sein? Die armen Kinder!“ Sobald man uns aber als Familie besser kennt – auch Fachpersonal im Kindergarten oder der Schule –bekommen wir immer das Feedback, wie toll unsere Jungs und was für eine liebevolle Familie wir sind.

Warum dürfen sich nur Väter beruflich weiterentwickeln und Mütter nicht? In den meisten Familien ist es so, dass der Vater „Karriere macht“ und die Mutter ihm den Rücken freihält. Er ist jetzt der Ernährer. Dabei ist es wissenschaftlich nicht schwer zu erkennen, dass der Mensch als biologisches Wesen stets auf

Weiterentwicklung aus ist. Sonst würde es uns gar nicht geben. Das beginnt mit der allerersten Zellteilung nach der Befruchtung der Eizelle, der Entwicklung des Embryos, der Entwicklung des Babys, der Entwicklung des Kleinkinds, das zu laufen und sprechen lernt, dem Kindergarten- und Schulkind, das weiterhin viel lernen muss, der Ausbildung oder dem Studium und letztlich der Aufnahme eines Berufes, in dem wir uns ebenfalls stets weiterentwickeln. Es ist unser natürliches, biologisches Recht, uns weiterzuentwickeln – auch als Mutter. Es ist sogar wissenschaftlich erwiesen, dass Menschen, die keine Entwicklungsmöglichkeiten haben, deutlich unglücklicher sind und damit sogar ungesünder. In Altenheimen, in denen keine „Eigenaktivitäten" angeboten wurden, war sogar die Sterblichkeit höher als in Einrichtungen, in denen es ein vielfältiges Betätigungsprogramm gab.

Natürlich lernen wir als Mütter auch sehr viel Neues und wachsen jeden Tag noch mehr in die Mutterrolle hinein. Wir lernen nie aus und langweilig wird uns sicherlich auch nicht. Aber diejenigen von uns, die anspruchsvolle, vielleicht auch neue Aufgaben im Beruf als etwas Erfüllendes sehen, möchte ich bestärken, dass es keinen Grund gibt, sich nicht weiterzuentwickeln. Auch aus Arbeitgebersicht sage ich das. Ich hoffe, dass sich in der Zukunft mehr Frauen diesen Schritt für sich wünschen und ihn auch gehen. Die Unternehmen brauchen mehr weibliche Anteile in der Führungsmannschaft, um gute Entscheidungen treffen zu können. Zum Wohle der Unternehmen. So haben Studien nach der Finanzkrise 2009 gezeigt, dass französische Unternehmen viel besser dastanden. Warum? Sie waren nicht so riskant unterwegs wie Unternehmen mit überwiegend männlichen Entscheidern. Ihre Boards waren und sind gleichberechtigt besetzt – eine Quotenregelung brauchen sie nicht – und so finden auch weibliche Entscheidungskriterien wie Nachhaltigkeit und Langfristigkeit Gehör. Und nicht nur das. Es fehlen überall gut ausgebildete Fachkräfte. Wir können es uns als Gesellschaft schlicht nicht erlauben, auf die gleichberechtigte Teilhabe von Frauen in der Arbeitswelt zu verzichten. Das wird uns ansonsten in ein paar Jahren um die Ohren fliegen.

Erst kürzlich hörte ich dazu vom IW (Institut der Deutschen Wirtschaft) einen spannenden Vortrag. Aufgrund der demografischen Entwicklung beträgt die Lücke der Arbeitskräfte bis 2030 jährlich 700.000. Insgesamt also über 5 Millionen fehlende Arbeitskräfte. Der Vortragende nannte eine strategische Lösung, um diese Lücke zu schließen: die Erhöhung der Erwerbsbeteiligung. Durch Zuwanderung, signifikante Erhöhung der Wochenarbeitszeit zum Beispiel auf 42 Stunden pro Woche und durch Erhöhung des Renteneintrittsalter auf 70 Jahre. Das wäre uns doch eigentlich nicht so lieb, oder? Ein kleines Beispiel, um das Problem der Demographie zu skizzieren. Ich kenne eine tolle Frau, Jahrgang 1964, Controllerin, Wirtschaftsprüferin und international erfahren. Sie geht 2029 in Rente. Der Jahrgang, der mathematische diese Lücke schließen sollte, ist der von 2009. Der Jahrgang meines älteren Sohnes. Ich kann mir bei aller Liebe nicht vorstellen, dass er mit 20 diese Expertin je würde auf dem Arbeitsmarkt ersetzen können. Um also als Volkswirtschaft nicht zu versagen, riet der Experte uns Personalverantwortlichen, was ich schon lange predige, schon jetzt die Teilzeitquote deutlich zu reduzieren. Heißt für Mütter: Stunden rauf!

Ein weiterer Aspekt, der dabei nicht zu vergessen ist: Junge Frauen im gebärfähigen Alter würden einen künftig neu zu besetzenden Job – wegen der arbeitsrechtlichen Vorgaben für Arbeitgeber – leider von vielen Vorgesetzten nicht bekommen. Ich selbst würde diesen Job allerdings auch nicht bekommen, denn 2029 bin ich 55 und würde sodann zu der Altersgruppe gehören, die man (auch wieder leider) nicht mehr so gern neu einstellt. Die Chance für junge Mütter, deren Kinder bereits geboren sind und die in den nächsten sieben Jahren noch nicht zum „alten Eisen" gehören, ist gekommen, sich jetzt für eine berufliche Entwicklung, die Übernahme neuer Tätigkeiten oder das Aufstocken der Stunden und der Verantwortung ins Spiel zu bringen.

Die Last der eigenen Unzufriedenheit – Warum du dich nicht zum Opfer der Kinder machen solltest

Ich erlebe viele ambitionierte Frauen, die sich gerne beruflich weiterentwickeln würden, weil sie sehr gut ausgebildet sind, sich aber nicht trauen, denn die Kinder brauchen sie doch. Ich rede nicht von Säuglingen oder Kleinstkindern, die übrigens auch einen Vater haben, aber von Kindergarten- und Schulkindern. Inzwischen bist du ja schon Expertin, wenn es darum geht, positiv und umzudenken. Du kennst viele Tricks und Tools. Und doch steckt in der Gesellschaft, neben dem Aberglauben der nicht gelingenden Vereinbarkeit (Es gibt sogar ein Buch, das

„Die Vereinbarkeitslüge“ heißt. Du kannst dir denken, wie ich den Titel finde. Wieso wird immer alles von der negativen Seite betrachtet, statt aufzuzeigen, WIE etwas gelingen kann. Positiv denken!) auch der Irrglaube, nur die Anwesenheit der Mutter mache Kinder glücklich.

Die Frage, die ich in diesem Zusammenhang mir erlaube zu stellen, ist: Wie glücklich ist das Kind, wenn die Mama unzufrieden ist und „nur“ seinetwegen zuhause ist? Bitte nicht falsch verstehen, natürlich ist sie auch aus Liebe zum Kind da. Aber da gibt es vielleicht dennoch diese Unzufriedenheit: Ich würde ja schon wollen, kann oder darf aber nicht. (Was sagen denn da die Leute?) Ich finde es in dem Zusammenhang nicht angemessen, den Kindern eine solche Bürde aufzuerlegen. Ist das nicht sehr egoistisch, sie dafür verantwortlich zu machen, dass man selbst „eigentlich“ nicht das macht, was man gern machen würde? Spüren nicht gerade unsere Kinder, mit denen wir sogar körperlich eins waren, wie es uns geht? Könnte es nicht vielleicht sogar sein, dass Kinder spüren, wenn wir frustriert sind? Insbesondere, wenn sie spüren, der Grund dafür zu sein. Für den Fall, dass du mit deinem Job nicht zufrieden sein solltest: Hast du das schon mal so betrachtet?

Ich selbst war mit dem Job, den ich ausübte, als unser Junior zwei Jahre alt war, nicht glücklich. Ich war acht Jahre in dem Unternehmen und sah keine weiteren Entwicklungsmöglichkeiten. Ich hatte beide Kinder während dieser Zeit auf die Welt gebracht und mir somit auch die gesetzlichen Elternzeiten „erboren“. Und das Recht auf Teilzeit in 30 Stunden als einzige Führungskraft.

Aber es machte mir keinen Spaß mehr. Erschwerend kam damals hinzu, dass – juristisch gesehen – ein neuer Arbeitgeber an die vereinbarten Zeiten einer Elternzeit nicht gebunden ist. Also schien ein Arbeitgeberwechsel nicht sinnvoll. Und doch tat ich es. Ich bewarb mich sogar für eine neue Stelle in Vollzeit. Und ich bekam sie, ich war die beste Kandidatin, mit den besten Qualifikationen und Voraussetzungen für die Stelle. Diese Aufgabe übte ich ebenfalls acht Jahre lang aus. Ich weiß nicht, wie glücklich meine Kinder heute wären, wenn ich damals unglücklich, aber „bequem" beim alten Arbeitgeber geblieben wäre. Wie harmonisch wäre unser Familienleben, wenn ich mich „geopfert" hätte, um für das Wohl der Kids auf mein Wohl zu verzichten? Will ich das meinen Kindern vorleben? Nein, ich möchte ihnen vorleben, dass jeder seines Glückes Schmied ist und sich für alles eine Lösung finden lässt. Und Mamas Liebe und Geborgenheit ist mit viel besserer Energie aufgeladen, wenn sie zufrieden ist.

Sich selbst zum Opfer der Kinder zu machen, denn nichts anderes bedeutet das Wort „auf-opfern", ist in meinen Augen genauso egoistisch, wie sein Leben nach seinen Wünschen zu gestalten. Nur mit dem feinen Unterschied, dass ich nicht unterbewusst eine Gegenleistung einfordere. „Ich opfere mich für dich auf, also sei schön dankbar!" Wer ist in diesem Theaterstück die Hauptperson? Das Kind oder die Märtyrerin? „Seht nur alle, wie schlecht es mir geht. Bitte Applaus für meine heroische Leistung." Verzeih, wenn ich das hier mal so überspitzt zum Ausdruck bringe, ich habe das früher selbst so gesehen. Ich wollte dafür geliebt werden, dass ich es allen recht mache. Ich möchte aber nicht, dass meine Kinder mein Ego aufwerten müssen. Das ist mein eigener Job.

Apropos Job. Es gibt natürlich neben der reinen Vereinbarkeit weitere Möglichkeiten für Unzufriedenheit im Beruf. In den folgenden Beispielen gebe ich Anregung, wie man sogar diese Klassiker shiften, also umdenken kann.

Der Kollege oder auch der Knollenblätterpilz – Richte deine Aufmerksamkeit auf das Gute!

Vielleicht ist es dir auch schon mal so ergangen, dass du dich über die Art oder das Verhalten eines Kollegen oder einer Kollegin geärgert hast. Sollte dir mein Mantra „nicht ärgern – nur wundern" noch nicht in Fleisch und Blut übergegangen sein, so habe ich folgendes Bild für dich: Stell dir vor, du bist nachts in einem Wald. Mit einer Taschenlampe bewaffnet, erblickst du einen Knollenblätterpilz. Du richtest die Lampe auf diesen weißen, giftigen Pilz und bist mit deiner vollen Aufmerksamkeit bei ihm. Du beginnst zu überlegen, wie giftig er ist, hoffentlich findet ihn niemand, sollst du ihn entfernen, hier kommen tagsüber Kinder vorbei, oder irrst du dich vielleicht? Ist das wirklich ein Knollenblätterpilz? Wie waren nochmal die Merkmale? Mist, vergessen. Was aber, wenn es doch einer ist? Und so weiter und so fort. Deine Gedanken kreisen nur noch um diesen Pilz.

Aber wie groß ist der Wald? Kannst du das mit der auf den Pilz gerichteten Taschenlampe überhaupt sagen? Wie schön ist der Vollmondschein, der zwischen den Baumwipfeln zu sehen ist? Du hast es mit eingeschalteter Taschenlampe gar nicht bemerkt, dass Vollmond ist und eine sternenklare Nacht obendrein. Wie mit dem Pilz halten wir die aktuelle Thematik mit dem Kollegen oder der Kollegin für das einzig Wichtige und vergessen dabei, wie viel Freude uns der Beruf im Übrigen macht, wie glücklich wir sein können, überhaupt einen ausüben zu können. Der eine Kollege oder die eine Kollegin kann (und darf) nicht Quell meiner Unzufriedenheit sein. Passend zum Bild des Knollenblätterpilzes, verströmen diese Gedanken auch Gift in mir. Jeden Tag ein bisschen mehr. Statt mich an die vielen anderen, netten Kollegen zu erinnern und diesen Aspekt in den Vordergrund zu stellen. Oder auch das Geld, das ich damit verdiene, dass ich einen Arbeitgeber habe, der monatlich einen festen Betrag überweist, von dem wir leben können. Damit sind wir auch schon beim nächsten Thema.

Die Sache mit der Steuer – Du hast immer eine Wahl!

Wie oft höre ich, dass es total unfair sei, dass Mütter in Deutschland die Steuerklasse 5 hätten und es sich deswegen eigentlich finanziell gar nicht lohne zu arbeiten. Hier die Kehrseite der Medaille: Wer ist dafür verantwortlich? Na klar ist es einfacher, dem Staat die Schuld für alles zu geben. Fehlende Krippenplätze waren übrigens zu unserer Zeit damals der „hot shit“ der Elternbeschwerden. Inzwischen hat der Staat in Deutschland tatsächlich etwas geändert. Aber damals schon hatten wir entschieden, wir finden eine Lösung, hatten uns bei 40 Krippen beworben und dann tatsächliche eine einzige (!) Zusage bekommen. Aber zurück zur Steuer. Wer hat entschieden, hier in Deutschland zu leben? Niemand zwingt uns dazu. Mit der Wahl des Wohnortes haben wir uns automatisch auch für das Einhalten der dort gültigen Regeln entschieden. Inklusive der Abgabe von Steuern. Als Erwachsene haben wir alle ein Wahlrecht. Und so ist es letztlich auch bei der Steuerklasse: Niemand zwingt Eltern, die Klasse 5 für die Mutter und die Klasse 3 für den Vater zu wählen. Es ist eine Wahl. Diese können wir treffen, müssen wir aber nicht. Wir haben zum Beispiel beide die Klasse 4 gewählt. Übrigens gehört es zur Eigenart der Steuer, dass sie ganzjährig betrachtet wird. Das heißt, die letzte Rechnung kommt erst zum Schluss. Viele vergessen, dass es bei 3/5 monatlich unter dem Jahr Vorzüge für ihn (3) gibt und Nachteile für sie (5), aber erst am Ende alles in der Gesamtschau als Familie betrachtet wird. Wir können entscheiden, ob wir lieber ihm Vorzüge mit der Klasse 3 gewähren oder besser beide die Klasse 4 wählen. Die Höhe der Steuer am Jahresende ändert sich dadurch nicht! Nur die pauschale Betrachtung während des Jahres. Da wir also auch hier eine Wahl haben, rege ich dazu an, darüber nachzudenken, wenn wir das Gefühl haben, es sei nicht gerecht. Abschließend noch einer meiner positiven Gedanken zum Thema Steuern: Wäre es mir lieber, keine Steuern zahlen zu können? Oder ist es nicht sogar ein gutes Zeichen, Steuern zahlen zu dürfen? Je mehr, desto besser?

Die ungerechte Chefin, die mich nicht versteht – Du musst dich selbst im Spiegel anschauen können

Wir alle kennen die Situation, in der wir uns ungerecht behandelt fühlen, nehmen wir für dieses Kapitel mal die Chefin. Ähnlich wie beim Kollegen kannst du die Knollenblätterpilz-Übung machen oder dir vorstellen, wie deine Chefin als kleines, süßes, zartes, schutzloses Baby auf die Welt gekommen ist. Oder, dass wir alle zum Pipi machen aufs stille Örtchen müssen. Wir sind alle Menschen und damit haben wir alle mit unseren Gedanken zu tun. Du bist inzwischen Expertin im Behandeln von Gedanken und auch wenn du denkst, die Chefin war ungerecht, berücksichtige bitte:

1. Du kannst nicht wissen, was sie denkt; geht dich auch nichts an.

2. Du bist nicht dafür verantwortlich, wie sie denkt. Wie sie denkt, hat nichts mit dir zu tun. Viel zu häufig beziehen wir die schlechte Laune anderer auf uns, statt uns davon freizumachen, dass wir nicht für die Launen anderer verantwortlich sind. (So wie wir auch unseren Kindern zeigen und uns selbst daran erinnern, dass sie nicht für unsere Laune verantwortlich sind.)

3. Egal, was sie denkt, es kann niemals verändern, wer du bist, wie du bist und wie du dich fühlst. Kein anderer Mensch hat das Recht dazu.

4. Du kannst nicht wissen, was sie weiß. Häufig stellen sich im Nachhinein Informationen heraus, die du nicht wissen konntest, sie aber wusste und entweder vergessen hat, weil sie es nicht für wichtig hielt oder vielleicht nicht sagen durfte oder wollte. Bewerte es nicht. Es ist ihre Entscheidung. Chefs sind auch nur Menschen und haben ihre eigenen Chefs.

5. Keine Chefin muss dich verstehen. Es gibt kein Gesetz, das dazu zwingt. Es ist nicht die Aufgabe von anderen Leuten, uns zu verstehen, genauso wenig wie umgekehrt. Solange wir aber dem Irrglauben oder – sagen wir lieber – dem unerfüllten Wunsch erliegen, „Sie muss mich doch verstehen!“, leben und denken wir im Widerspruch mit der Realität. Erinnerst du dich an meinen Sündenbock? Widerstand gegen die Realität erzeugt automatisch negative Gefühle, also weg damit. Das hast du inzwischen ja schon gelernt.

6. Sie kann dich meistens auch gar nicht verstehen, weil ihr unterschiedliche Personen seid. Du kennst ja schon die Sache mit dem Lebensrucksack.

7. Solange du mit dir selbst im Reinen bist, weißt, dass du recht tust, dir nichts zu Schulden kommen lässt, hast du von niemandem etwas zu befürchten. Du schaust nur in deinen Spiegel. Die Chefin schaut in ihren.

Auf einen Blick

Mit der Vereinbarkeit ist es wie mit dem Aberglauben. Erst wenn wir die dahinterliegenden Gedanken erkennen, fallen uns Lösungen ein. Wie hätten wir es denn gern? Ohne Steuern oder ohne Ärger darüber? Ob Kollegen oder Chefs, wir sind immer nur für unser Leben verantwortlich und dürfen die Taschenlampe gern auf all das Positive richten, das uns im Berufsleben begleitet. Giftige Pilze lassen wir gedanklich besser am Wegesrand stehen. Sie vergiften sonst unsere Laune. Raben sind übrigens wunderbare und sehr soziale Eltern. Die Wörter „Rabenmutter“ und „schlechtes Gewissen“ dürfen daher ab sofort der Vergangenheit angehören.

10. KAPITEL

FINANZEN UND KARRIERE FÜR MAMAS

Gleichberechtigung – Stehen wir auch finanziell für uns ein!

Meine Erfahrung als Frau, Partnerin, Mutter und Personalleiterin ist, dass Männer einen ganz anderen Blick auf das Thema Karriere und Finanzen haben als wir Frauen. Sie sind mit anderen Vorbildern und Denkmustern aufgewachsen, nämlich denen, die diese beiden Themen gedanklich mit männlichen Attributen assoziieren.

Unabhängig davon, warum wir Frauen uns vor der Geburt unserer Kinder mal für einen Beruf entschieden haben, gibt es für die berufliche Tätigkeit einer Mutter, neben vielen anderen Gründen, einen weiteren wichtigen Aspekt, nämlich den der sozialen Absicherung. Nicht nur für heute, sondern auch für später. Wissenschaftliche Studien zeigen uns immer wieder die Versorgungslücke der Mütter. Wir leben in einer vermeintlich gleichberechtigten Welt, fordern mehr Gleichberechtigung ein, warum sollte dann nur unser Partner in die Rentenversicherung einzahlen? Warum sollten wir nicht auch für unsere finanzielle Zukunft einstehen?

Ich habe viele Familien beobachtet, in denen allein aufgrund der Höhe der Einkünfte die Augenhöhe in der Partnerschaft verloren ging. (Hier empfehle ich Kapitel 5 erneut zu lesen.) Und ich denke auch hier um, nicht nur die Mütter finden sich auf einmal in einer Rolle und auf einer Augenhöhe, die sie sich vorher so nicht vorgestellt haben. Wie groß ist der Wunsch des Vaters, die alleinige Verantwortung für die Ernährung der Familie sicherzustellen? Geteiltes Leid ist immer halbes Leid. Verliert der eine den Job, hat die andere noch einen. Und umgekehrt. Wird die eine krank, verdient der andere noch. Finanziell nur auf eine Karte zu setzen, finde ich daher schwierig. Die Schieflage der Augenhöhe kommt meist erschwerend hinzu. So berichtete mir eine Kundin, dass ihr Mann sie inzwischen wie eine Putzfrau behandle und Sätze von sich gebe wie: „Wenn ich das hier alles bezahle, dann kümmere du dich darum, dass es auch ordentlich ist. Und halte mir abends, wenn ich nach Hause komme, die Kinder vom Leib, mein Tag war schon anstrengend genug. Ich brauche meine Ruhe." Gemeinsam fanden wir heraus, dass er mit dem Druck, den er finanziell ganz alleine fühlte, nicht umgehen konnte und seine Nerven blank lagen. Wie sehr hätte man sich jetzt auf die zitierten Sätze „einschießen" können. Sich als Frau schlecht behandelt fühlen können, sich über ihn aufregen und zurückmotzen können. Wie würde das ausgehen? Ich riet ihr, das Thema „Finanzen und alleinige Verantwortung“ anzusprechen. Gemeinsam die positiven Seiten zu finden und zu überlegen, wie die Belastung minimiert oder geteilt werden könne, wie sie ihn dabei unterstützen könne.

In vielen Familien ist das Thema Geld auch immer wieder Anlass für Streit, wenn sie „seines“ ausgibt. Hier darf ebenfalls gern umgedacht werden. Wie kommt es denn, dass er alleine das Geld für die Familie verdient? Das Paar hat das gemeinsam so entschieden. Warum darf sie es aber nicht für sich ausgeben? Welches Geld denn sonst? Mein Mann und ich arbeiten beide Vollzeit, also kümmern wir uns auch beide zu 50 Prozent um die Kinder. Jeder beteiligt sich zu 50 Prozent an den gemeinsamen Ausgaben. Ich selbst finde es zudem sehr schön, mir Dinge von meinem eigenen Geld zu kaufen. Es geht mir hier nicht um den Belohnungsaspekt, sondern darum, sie mir selbst leisten zu können und nicht diskutieren zu müssen, ob ich sie mir jetzt anschaffe oder nicht. Das entscheide ich für mich, von meinem Geld. Sicherlich kann man das auch umdenken, aber wir fahren bisher ganz glücklich damit. Never change a running system!

Das Heute ist die Summe deiner Entscheidungen – Die positiven Outcomes deiner Entscheidungen

Viele mögen jetzt sicherlich einwenden, das sagt sich leicht, wenn ich in Teilzeit arbeite, verdiene ich natürlich weniger als mein Mann. Gegenfrage: Wer hat das so entschieden? Muss das so sein, kann man das umdenken? Frage dich ganz tief in deinem Inneren, wie viele Arbeitsstunden bist du bereit, für wie viel Geld zu leisten? Verdienst du dann immer noch ungerechterweise weniger als er? Oder vielleicht ist es bei euch auch genau andersherum. Egal, aber wer hat es entschieden? Das Heute ist die Summe deiner bisherigen Entscheidungen.

Ein Grund, warum ich mich bewusst für die Arbeit in Vollzeit entschieden habe (mit allen Konsequenzen), war, einen psychologischen Trigger auszuschalten. Ich habe so viele Mütter in Teilzeit erlebt, die sich damit nicht so gut positionieren konnten. Häufig aufgrund eigener Denkmuster: „Frau Catana, aber das kann ich in Teilzeit ja nicht machen". Ja? Wo steht das? Zum anderen leider natürlich auch aufgrund der Denkmuster von Vorgesetzten. An dieser Stelle an alle Frauen in Teilzeit: Es kann für dich genau die richtige Entscheidung sein, ich möchte dir lediglich den Denkrahmen erweitern, indem ich aufzeige, dass es auch möglich ist, Vollzeit zu arbeiten und eine gute Mutter zu sein.

Zurück zum psychologischen Trigger, zum Beispiel bei Teilzeit mit 30 Stunden pro Woche: Das sind 10 Stunden weniger als bei einer Vollzeitstelle mit 40 Wochenstunden. Also ein Viertel. Ein

Viertel des Gehalts dafür „herzugeben“, um – ganz provokativ gesagt – die Wäsche aufzuhängen und die Spülmaschine auszuräumen, und dann kommt der Mann nach 40 Stunden Arbeit nach Hause und alles ist gemacht. Das steht für mich in keinem Verhältnis. Ich war schlicht weg zu geizig, meine finanziellen Möglichkeiten für Arbeit im Haushalt zu opfern. Ich spreche von einem Viertel meines Gehalts. Das sind 25 Prozent. Warum? Bei mir gab es noch einen anderen Aspekt, ich wollte weiterhin einen mich erfüllenden, spannenden Beruf ausüben, ehrgeizig wie ich war, wollte ich nicht für jemanden, der meinen Job übernehmen würde, die Zuarbeit erledigen. Dafür war ich zu stolz. Auch das hätte ich natürlich umdenken können. Habe ich damals aber noch nicht. Daher gibt es kein objektiv Richtig oder Falsch. Ich kenne viele Mütter, die vier Tage in der Woche arbeiten und einen Tag frei haben. Vielen gelingt es, dann wirklich etwas für sich zu machen. Gehen zum Yoga oder treffen Freundinnen. Andere erledigen an ihrem „freien Tag“, also dem Tag, den sie nicht bezahlt bekommen, den Haushalt. Ich glaube ich wäre auch in die Kategorie gefallen. Denn mich hätte vermutlich ein schlechtes Gewissen geplagt, in der freien Zeit die Füße hochzulegen, wo ich doch Zeit gehabt hätte, mich um den Haushalt zu kümmern. Aus heutiger Sicht schmunzle ich darüber, denn das hätte ich ja auch umdenken können. Wird man älter, wird man klüger. Für jede von uns ist es einfach unglaublich wichtig zu klären, was sich in diesem Zusammenhang richtig und gut anfühlt. Was möchtest du?

Der Arbeitsweg ist das nächste große Thema, denn für den Arbeitsweg bekommen wir kein Gehalt. Viele entscheiden sich mit Kindern für ein Häuschen im Grünen, auf dem Land oder am Stadtrand und nehmen dafür einen längeren Arbeitsweg in Kauf. Wie auch bei der Arbeitszeit hilft es, sich diesen zusätzlichen Stressfaktor bewusst zu machen. Ein guter Baustein für mehr Zufriedenheit ist es, sich auch hier klarzumachen, dass wir uns für alle Dinge in unserem Leben bewusst entschieden haben. Wenn du also besagtes Haus am Stadtrand hast, mit der S-Bahn in die Arbeit fährst, diese S-Bahn im Winter auch mal ausfällt, du oft keinen Platz bekommst, dann führe dir vor Augen, welche positiven Auswirkungen dein Haus am Stadtrand auf dein Leben hat. Keine Taschenlampe auf das Warten am kalten Bahnsteig. Du hast dich bewusst für dieses Haus entschieden und somit auch für die Anreise mit der S-Bahn, mit allem was dazugehört. Fokussiere die positiven Outcomes dieser Entscheidung und nicht die zwischenzeitlichen Hickups (Schluckauf).

Was Äpfel und Birnen mit deinem Gehalt zu tun haben – Die gerechte Verteilung der Gehälter ist nicht deine Verantwortung

Hier kommt mein Happiness Hack, wenn es um das Thema Gehälter geht. Und glaube mir, als Personalleiterin kennt man alle Gehälter. Nicht zwingend ein Quell ewiger Zufriedenheit mit dem eigenen Gehalt. Der Mensch vergleicht sich zu gern, allerdings vergleicht er gerne Äpfel mit Birnen. Daher habe ich es mir schon als junge Mitarbeiterin in der Personalabteilung zur Gewohnheit gemacht, jedes Gehalt direkt nach Kenntnis wieder aus dem Gedächtnis zu löschen. Ich wäre unglücklich, wenn ich sie alle wüsste. Wenn dir also zu Ohren kommt, wer wie viel verdient, dann vergiss es einfach und kümmere dich nicht weiter darum. Wer kennt denn – wie beim Lebensrucksack – alle Hintergründe? Warum kann einer besser verhandeln als der andere? Kennen wir alle Skills der Kollegen und Kolleginnen? Es geht nicht darum, selbst herauszufinden, ob die Gehälter gerecht verteilt werden. Der Arbeitgeber ist dafür verantwortlich, dass gleiche Leistung mit gleichem Geld bezahlt wird. Mich aber über (vermeintliche) Ungerechtigkeiten im Leben aufzuregen, kostet zu viel Energie. Zu welchem Preis? Ich fühle mich selbst schlecht bezahlt. Fördert das meine Laune an jedem neuen Arbeitstag? Wohl kaum. Daher überlege dir, wie viel dir deine innere Zufriedenheit an Geld wert ist. Wie sehr möchtest du dich von diesem Thema seelisch und gedanklich behelligen lassen? Außerdem weißt du wahrscheinlich gar nicht immer, wie viel der andere tatsächlich bekommt. Meist sind es nur Vermutungen oder Gerüchte. Mag ich mir von denen meine eigene Laune verderben lassen? Als ich diese Strategie übrigens auch in anderer Hinsicht anwendete, nämlich als ich davon ausging, dass jeder das genau richtige Gehalt für sich selbst verdient, bekam ich ungefragt Gehaltserhöhungen. Regelmäßig. Das Gesetz der Anziehung positiver Gedanken in Aktion!

Hingegen habe ich als negatives Gegenbeispiel auch einen Mitarbeiter erlebt, der sich bei mir beschwerte, der Einzige zu sein, der in den letzten sieben Jahren keine persönliche Gehaltserhöhung bekommen habe. (Es gab regelmäßige kollektive Erhöhungen.) Und die neu eingestellte Kollegin, die erst so kurz dabei sei, verdiene jetzt schon mehr! Ich habe mich nicht beliebt gemacht, als ich fragte, warum das wohl so sei? Diese neue Kollegin kam zudem aus dem Ausland, was dem Herrn damals auch ein Dorn im Auge war, sie sprach ja nicht einmal Deutsch. (Als Halbitalienerin muss ich da immer an mich halten, um nicht ausfallend zu werden. Atmen, umdenken, Giulia!) Eben. Darum verdient sie auch mehr, denn sie hat internationale Erfahrung. Wie ist es hingegen mit ihren Englischkenntnissen bestellt? Wie selten stellen wir uns selbst diese Gegenfragen? Womit haben wir selbst dazu beigetragen, um uns für eine Erhöhung zu qualifizieren? Nur durch sieben Jahre Anwesenheit? Wo sind wir eine Extrameile gegangen oder was bringen andere mit, was wir nicht mitbringen? Wie können wir das ändern? Was brauchen wir dazu, wer kann uns helfen? Haben wir das angesprochen?

Die Unzufriedenheit mit den eigenen Aufgaben – Wo liegen deine Stärken?

Berufliches und finanzielles Fortkommen hat natürlich auch mit den Aufgaben zu tun, die wir täglich ausführen. Welche Aufgaben übernimmst du in deiner Arbeit? Die Tätigkeiten, die du laut Stellenbeschreibung erfüllst, oder auch die, zu denen es keine Beschreibung gibt? Mache dir bewusst, wo genau deine Stärken liegen. Was davon passt jetzt zu deinen Aufgaben? Da, wo sich deine Aufgaben mit deinen Stärken überschneiden, kannst du richtig glänzen. Das sollte der Teil sein, für den du (überwiegend) bezahlt wirst. Ganz sicher fallen dir jetzt unzählige Dinge ein, die du ungern erledigst. Überlege dir, ob du dafür wirklich verantwortlich bist oder ob dir jemand Arbeit zuschiebt oder ob du einfach zu nett bist und mal dieses und jenes mitmachst. Obwohl du dafür nicht bezahlt wirst! Achtung, auch hier gilt es wieder auf die Kehrseite der Medaille zu achten: Kann es sein, dass die Aufgaben dir nur keinen Spaß machen und du sie „nur" deswegen nicht gern machst? Gibt es Tätigkeiten, bei denen diese unlieben Aufgaben wegfallen würden, oder gehören sie ganz natürlich dazu? Wenn es Aufgaben gibt, die Quell deiner beruflichen Unzufriedenheit sind, was hast du bereits dagegen unternommen? Hast du es angesprochen? Wenn ja, warum hat sich nichts geändert? Was ist dein Beitrag daran, dass es sich noch nicht geändert hat. Was kannst du ab jetzt dafür tun? Sobald wir Pläne schmieden und einen Ausweg aus der Unzufriedenheit sehen, fühlen wir uns schon besser. Automatisch wirkt sich das auch auf unsere Arbeitsergebnisse aus. Aufgaben, die ich nur mit Unlust oder noch schlimmer widerwillig erledige, werden in den Augen anderer sicherlich nicht strahlend glänzen.

Es kann in diesem Zusammenhang sein, dass du in den Dialog mit deinen Vorgesetzten oder Kollegen treten musst. Vielleicht weil rein objektiv betrachtet, Arbeit bei dir abgeladen wurde (oder gelandet ist, das hat weniger Opfercharakter), für die du nicht zuständig bist. Vielleicht stellst du auch fest, dass du Aufgaben erledigst, die zwar zu deinem Tätigkeitsfeld gehören, die aber nicht deiner Stärke entsprechen. Finde heraus, wie du das am besten ansprechen kannst. Denn vielleicht gibt es jemanden im Team, der das besser kann und sogar übernehmen möchte und umgekehrt übernimmst du von ihm etwas, was du richtig gut kannst, er aber nicht. Manches Gespräch deckt Dinge auf, die einem nicht bekannt waren. Als Gedankenstütze ist es auch hilfreich, sich vor Augen zu führen, dass uns höchstwahrscheinlich mehr Fehler unterlaufen, wenn wir Aufgaben übernehmen, in denen wir nicht gut sind oder die wir widerwillig ausführen. Fehler zu machen, ist vollkommen in Ordnung. Immer wieder die gleichen Fehler zu machen, ist logischerweise weder für das Unternehmen noch für die eigene berufliche Entwicklung förderlich. Außerdem wirkt es sich schlecht auf unsere Arbeitsmotivation aus. Es lähmt, mit der Sorge ins Büro zu gehen, wieder einen Fehler zu machen. Außerdem löst es das berühmte Gesetz der Anziehung aus. Wer an Fehler denkt und sich Sorgen macht, bekommt sie prompt geliefert. Mit diesen Gedanken möchte ich einen möglichst großen Motivator aktivieren, selbst das Gespräch zu suchen, wenn man unzufrieden mit den eigenen Aufgaben ist.

Wenn du selbst Führungskraft bist und Aufgaben delegieren musst, dann übe dich darin, denn es ist niemandem geholfen, wenn du versuchst, als „großes Vorbild" alles selbst zu übernehmen. Im schlimmsten Fall bleibst du auf der Strecke – und deine Familie auch. Delegieren ist ein unglaublich wertvoller Beitrag für die Vereinbarkeit von Familie und Beruf! Du kannst nicht alles machen. Und wirklich gute Führungskräfte sehen wieder die Kehrseite der Medaille: Sie übertragen ihren Mitarbeitern durch Delegation das richtige Maß an Eigenverantwortung und Wertschätzung.

Das Leben ist nicht etwas, was dir zustößt – Sei die Gestalterin deines Lebens!

Wie oft befindest du dich gedanklich in einer Opferrolle? Passiert es uns manchmal nicht wie von selbst, dass wir die Verantwortung auf externe Faktoren schieben? WIR waren nicht schuld!

Hier ein paar Beispiele, die dir das veranschaulichen:

- „Der Lehrer hat meinem Kind eine Fünf gegeben." (Überlegung: Ist der Lehrer wirklich schuld an der Fünf oder hat dein Kind nicht aufgepasst, war es faul und hat keine Hausaufgaben gemacht oder nicht gelernt?)

- „Der Verkehr in der Stadt hat mich aufgehalten." (Überlegung: Ist der Verkehr in der Stadt schuld oder weißt du selbst, dass in der Stadt immer Verkehr ist, und bist einfach zu spät losgefahren?)

- „Die Vase ist heruntergefallen." (Überlegung: Wirklich? Welche Vase ist denn schon mal von selbst heruntergefallen?)

All diese Gedanken entstehen aus einer Opferrolle heraus. Mir ist ETWAS passiert. Nicht aus einer aktiven, positiven Haltung. Was lernst du für dich daraus? Mein Lebensmotto lautet: Das Leben ist nicht etwas, das mir zustößt oder widerfährt. Ich bin die Gestalterin meines Lebens. Es ist das Ergebnis meiner Gedanken und Entscheidungen.

Über unnütze Entschuldigungen – Warum du selbstbewusst reagieren solltest

„Entschuldigung, das habe ich falsch verstanden.“ „Entschuldigung, das habe ich nicht gewusst.“ „Entschuldigung, das war mir nicht bewusst.“ Fühlst du dich besser, wenn du dich jedes Mal für Belanglosigkeiten entschuldigst? Ich glaube, dass uns dieses „unnütze“ Entschuldigen schwächt. Es ist schließlich normal, dass wir mal was übersehen, etwas nicht wissen oder nicht alles sofort so interpretieren, wie es unser Gegenüber gemeint hat. Überlege dir auch, wie das bei deinem Gegenüber ankommt, wenn du dich am laufenden Band entschuldigst. Unscheinbare Dinge bleiben hartnäckig in Köpfen anderer hängen, vor allem weil sich unser Hirn evolutionär bedingt lieber mit negativ behafteten Themen beschäftigt als mit positiven. Als Leserin dieses Buches bist du inzwischen Expertin darin, dich mit positiven Gedanken zu beschäftigen. Dein Umfeld vermutlich aber nicht.

Um aus dieser Schleife auszubrechen, versuche Wege zu finden, diese „unnützen“ Entschuldigungen wegzulassen. Vielleicht sagst du einfach gar nichts oder du sagst: „Stimmt, habe ich zu spät geliefert. Kommt nicht wieder vor.“ Das wäre zum Beispiel eine sehr selbstbewusste Reaktion, ohne uns wortwörtlich gesprochen die Schuld aufzuladen.

Aktives Zuhören – Wie du wertfrei zuhörst und in einen konstruktiven Austausch kommst

Aktiv zuzuhören – ein wunderbares Mittel im beruflichen Kontext, wie auch beim Partner und den Kindern –, heißt, wertfrei zuzuhören und in einen konstruktiven Austausch zu gehen, der von Situationsschilderungen und Fragen geprägt ist und nicht in eine Diskussion ausartet.

In einem ersten Schritt lässt du dir die vorliegende Situation beschreiben. Unterbrich nicht, aber mach dir gerne Notizen. Sobald die Person ausgesprochen hat, bist du an der Reihe und versuchst zuerst festzuhalten, ob du alles richtig verstanden hast. Du gibst also den gerade gehörten Inhalt wieder und stellst Verständnis- und Informationsfragen. Versuche darauf zu achten, in diesem Schritt noch keine Ratschläge zu geben!

Sobald du alle inhaltlichen Fragen geklärt hast, darf dein Gegenüber zuhören und du äußerst deine Vermutungen, deine Gefühle und deine Eindrücke. Hier kann die Person eventuell noch weitere Informationen ergänzen oder richtigstellen.

In einem letzten Schritt formulierst du, was du dir als guten und gangbaren Weg vorstellen könntest. Bete keine Lösungsvorschläge herunter, sondern versuche deine Ansätze so zu formulieren, dass die Person wieder hinterfragt, ob und wie sie deine Vorschläge für sich selber umsetzen kann. Selbst eine Lösung zu finden, fühlt sich immer besser an und bleibt beim Gegenüber im positiven Kontext hängen. Das Wichtigste ist, Fragen zu stellen. Damit lässt du das Gespräch offen und gibst dem Gegenüber das Gefühl, dass du dich inhaltlich nicht verschließt. So kann guter Austausch stattfinden.

Bist du mit dem Problem hier oder mit der Lösung?

Im Büro eines meiner früheren Chefs stand eingerahmt an der Wand, hinter seinem Schreibtisch hängend, so dass jeder Besucher es hinter seinem Kopf lesen konnte:

Bist du mit dem Problem hier oder mit der Lösung?

Dieser Satz hat sich mir tief eingeprägt, steckt doch in ihm auch das Prinzip der positiven Gedanken. Sich mit Problemen zu beschäftigen, bringt uns nicht vorwärts und kostet meist nur unnötige Energie. Suchen wir nach der Lösung, beschäftigt sich das Gehirn mit möglichen Optionen positiver Art. Versuche auch du dich darin zu üben, Vorgesetzten mit Lösungen (wohlgemerkt für deine Aufgaben und nicht die anderer) zu kommen statt mit Problemen. Noch besser mit Lösungsoptionen, dann kann das Gegenüber autonom auswählen. Du erinnerst dich an das Autonomiebestreben jedes Menschen? Mein berufliches Fortkommen hat diese Vorgehensweise zumindest immer positiv beeinflusst.

Wie du dir deinen Traumjob angelst – Nutze das Gesetz der Anziehung!

Last, but not least möchte ich dieses Kapitel damit abschließen, dass man sich beruflich auch umorientieren kann und seinen aktuellen Arbeitgeber wechseln kann. Ich saß für meine Arbeitgeber bestimmt in meinem Leben schon in über tausend Bewerbungsgesprächen und habe vermutliche mehrere tausend Bewerbungsunterlagen gelesen. Es stimmt: Frauen bewerben sich weit seltener auf ausgeschriebene Stellen, wenn sie die Ausschreibung nicht zu 100 Prozent erfüllen. Jetzt kommt aber das viel Wichtigere: Männer bewerben sich, auch wenn sie weniger als 50 Prozent der Kriterien erfüllen. Sie vertrauen darauf, das noch zu lernen, dass das schon nicht so wichtig ist, dass das, was sie können, das wett macht und dass sie einfach der beste aller eingehenden Kandidaten sind. Liebe Leserin, schneid dir davon bitte eine dicke Scheibe ab! Was kostet es, sich einfach zu bewerben? Fokus auf das Gesetz der Anziehung und auf die positiven Gedanken. Du könntest deinen Traumjob an Land ziehen! Nur zu! Die Berufswelt braucht mehr Frauen in spannenden Positionen, in Positionen, die Einfluss haben. Und Familien brauchen Frauen, die mit sich und ihren Aufgaben im Beruf zufrieden sind.

Auf einen Blick

Egal ob es um die Dauer unserer Arbeitszeit, den Weg zur Arbeitsstätte oder unser Gehalt geht. Wir haben stets die Möglichkeit, etwas zu verändern oder die positiven Aspekte zu beleuchten. Das gilt auch für das Ergreifen neuer Positionen, die uns mehr Freude machen, oder das Ansprechen unserer eigenen Stärken. Sich mit anderen oder Gehälter zu vergleichen, ist hingegen meist Quell für Unzufriedenheit. Neue Ideen präsentierst du am besten in Form von Auswahlmöglichkeiten für dein Gegenüber. Das Wälzen von Problemen hat noch nie jemanden weitergebracht. Gibt es davon nicht schon genug?

11. KAPITEL

MEIN HAUSHALT, MEINE ERHOLUNG

Die Gamechanger – Von Energieräubern zu Energiespendern

In diesem Kapitel dreht sich alles um das Thema Haushalt und ich sehe förmlich schon die Fragezeichen in deinem Kopf. Wie soll daraus „Erholung" werden? Sehr oft passiert es uns, dass wir uns darüber ärgern, dass gewisse Dinge an uns hängen bleiben. Wir fühlen uns als Opfer unseres Haushalts und unserer Pflichten als Mutter. Ich möchte dir aber gerne den Trick an die Hand geben, dass du diesen Spieß für dich einfach umdrehst. Mach dir bewusst, dass du dich dafür entschieden hast, diese und jene Aufgaben im Haushalt zu übernehmen. Oder etwa nicht?

Ein bereits bekanntes Beispiel aus meinem eigenen Zuhause: Ich habe mich bewusst dafür entschieden, die Wäsche zu übernehmen, weil ich mich früher immer geärgert habe, wenn jemand anderer in der weißen Wäsche eine dunkle Socke übersehen hatte. Ich habe mich also aus eigenem Antrieb dafür entschieden, diese Aufgabe zu übernehmen, damit diese blöde dunkle Socke nicht mehr in meiner Wäsche landet und ich mich nicht mehr darüber ärgere. Ich habe den Spieß für mich umgedreht und nutze die Zeit, die ich für die Wäsche benötige, zusätzlich dafür, mich zurückzuziehen, Gedanken schweifen zu lassen und dabei zu entspannen.

Wenn ich mich also nicht mehr als „Hausangestellte" der Familie fühle, sondern Tätigkeiten übernehme, weil sie MIR wichtig sind, ändert sich bei mir energetisch sehr viel. So wird jedes Paar Socken, das ich aufhänge, zur Atemübung, das Zusammenlegen der Wäsche ein Achtsamkeitstraining. Es kommt wie immer im Leben darauf an, den Fokus zu ändern. Von Ärger zu Freude.

Das Gleiche gilt im Übrigen auch, wenn du dich dafür entscheidest, dir im Haushalt unter die Arme greifen zu lassen, und eine Raumkosmetikerin (Putzfrau) beschäftigst. Du hast dich bewusst dafür entschieden, dass du deine Zeit für andere Dinge nutzen möchtest, während jemand anderer für dich aufräumt, putzt, bügelt und so weiter. Ganz ehrlich, für mich war das früher nicht nur reine Entspannung. Gern habe ich mich geärgert, wenn es nicht so lief, wie ich mir das vorstellte. Kein Wunder! Denn eine andere Person kann NIE so handeln, wie ich handeln würde. Sie ist ja nicht ich und kein Klon von mir. Und außerdem ist es mein Zuhause und nicht ihres. Niemand wird die von mir liebevoll ausgesuchten oder von wichtigen Menschen in meinem Leben geerbten oder geschenkten Möbelstücke so behandeln wie ich selbst. Ich liebe diese Dinge und sie liegen mir am Herzen, aber deswegen doch nicht einer Person, die sie nur von Staub befreit und damit ihr Geld verdient. Wenn ich mich aber bewusst dafür entscheide, das Thema Raumpflege aus der Hand zu geben, entscheide ich mich auch dafür, jemand anderem meine Möbel anzuvertrauen, im Wissen, dass es nicht seine sind. Also wozu der Ärger? Macht nur grau und faltig. Ich mache mir seit der Erkenntnis bewusst, dass die Person gewisse Dinge anders machen wird und auch muss. Denn sonst bliebe ja wieder alles an mir hängen. Ich habe zusammen mit meinem Mann entschieden, dass ich das nicht mehr möchte. Ich freue mich darüber, dass das Thema outgesourct ist. Darüber, dass ich meine Zeit anderweitig nutzen kann, und ich nehme die Erleichterung, die für mich damit einhergeht, dankbar an.

Bereits vor vielen Jahren haben wir uns einen Saugroboter und einen Saugwischer zugelegt. Wenn Geld in die Hand genommen wird, muss natürlich jeder für sich überlegen, ob das Thema lieber outgesourct oder in elektronische Helfer investiert wird. Für uns sind die beiden „Helfer" gemeinsam die absoluten Gamechanger. „Ich muss noch schnell mal saugen" gibt es bei uns nicht mehr. Egal ob mit wöchentlicher Putzhilfe oder nicht, der Sand vom Spielplatz liegt nicht nur an einem Tag der Woche auf dem Parkettboden.

Lange Zeit hatten wir übrigens keine Perle, die uns half. Wir wollten den Kindern Vorbilder sein, uns selbst um die Dinge kümmern, die uns am Herzen liegen und – ganz ehrlich – war ich auch zu geizig. Alles eine persönliche Entscheidung. Aber eine bewusste. Und so führte ich mir all die Jahre des Putzens (und auch mit Hilfe bleibt heute noch genügend zu putzen übrig) vor Augen, dass es eine bewusste Entscheidung war, selbst zu putzen. Nur mein alter Perfektionismus stand mir früher häufig im Weg und ich war mehr ein Putzteufel als eine entspannte Frau. Wie dumm von mir! War der saubere Boden häufig wichtiger als die gute Laune! Als mir dies bewusst wurde – ich hatte mich inzwischen schon viel mit Achtsamkeit und positivem Mindset beschäftigt –, fiel mir auf, dass ich das Putzen ja auch zu etwas Angenehmem machen könnte. Wie ein roter Faden zieht sich das Thema durch dieses Buch, Dinge neu zu bewerten und zwar so, dass sie Energie oder Freude schenken, und nicht Nerven rauben. Also habe ich begonnen, die Tätigkeiten im Haushalt, egal ob Saugen, Wischen, Aufräumen, Kochen oder Wäschewaschen als meine Zeit der Entspannung zu deklarieren. Sie umzuetikettieren von einer „Ich-muss"-Tätigkeit zu einer „Das-genieße-ich-jetzt"-Tätigkeit. Ich beschloss, mich der Tätigkeit wie ein buddhistischer Mönch, der den Hof fegt, zu widmen. Mit voller Aufmerksamkeit. Alles andere blende ich dann aus. Und das ist unglaublich entspannend. Socken für Socken aufhängen, Zwiebelring für Zwiebelring schneiden. Es gibt so viele Tätigkeiten, die uns die Chance bieten, sie als einen Quell der Energie und Ruhe zu nutzen statt als Energiefresser. Entscheide auch du dich ganz bewusst für einen glücklichen Alltag.

Das Ritual „Der Essensplan" – Mit Leichtigkeit und Freude einkaufen und kochen

Zu kochen kann echt stressig sein. Kannst du dir folgende Situation vorstellen oder kommt sie dir sogar bekannt vor? Ihr kommt vom Spielplatz nach Hause, alle haben Unterzucker, weil der Snack vergessen wurde, und jetzt stehst du in der Küche und sollst schnell ein Essen zaubern. Mit einem Blick in den Kühlschrank denkst du dir: „Was koche ich nur? Welche Zutaten sind hier drin und was kann ich damit zubereiten?" Und dann fällt dir etwas ein, aber da fehlt doch noch eine Zutat und du gehst noch schnell einkaufen. Die Zeit vergeht und alle sind hungrig. Da ist es regelrecht vorprogrammiert, dass gequengelt wird und die eigenen Nerven blank liegen. Die Stimmung kippt.

Ich habe für mich zum Thema Kochen eine Lösung gefunden, die mir im Alltag nicht nur Zeit spart, sondern auch viele Nerven und zusätzlich eine ausgewogene Ernährung sichert.

1. Ich habe diverse Gerichte unterschiedlichen Kategorien zugeordnet – jede Kategorie hat eine andere Farbe. Pasta: Rot, Fleisch oder Fisch: Blau, Vegetarisches: Grün, Suppen: Gelb, süße Hauptspeisen: Lila.

2. Jede Woche erstellen wir gemeinsam einen Essensplan und anhand der unterschiedlichen Farben kann ich sehr gut abstimmen, welches Gericht ich für eine ausgewogene Ernährung noch hinzunehmen möchte und welches lieber nicht.

3. Dadurch, dass es einen Essensplan gibt, weiß ich immer, was ich einkaufen soll. Das spart zum einen Zeit und zum anderen Geld, denn ich kaufe keine unnötigen Dinge ein, die dann möglicherweise nur im Kühlschrank rumliegen und verderben. Und ich weiß beim Einkauf genau, wonach ich suche, und bin schnell damit fertig.

Die Erstellung dieses Essensplans ist bei uns ein Familien-Ritual (siehe Kapitel 6). Wir befüllen den Plan am Samstagmorgen beim Frühstück gemeinsam. Wir haben auch eine Liste mit Lieblingsgerichten erstellt. Auf dieser stehen circa 50 Gerichte, die wir gerne essen und die ausreichend Abwechslung bieten. Die Kinder dürfen vorschlagen, was sie gerne essen möchten, und sind involviert. Das hat den angenehmen Nebeneffekt, dass es die Sätze „Das schmeckt mir nicht.“, „Was gibt es denn heute schon wieder?“ bei uns nicht mehr gibt. Jeder kann nachlesen, was es wann geben wird.

Wir entscheiden uns also gemeinsam für den Plan und manchmal schlagen die Kinder ein neues Gericht vor, das sie woanders kennengelernt haben. Auch wenn wir uns nicht immer an den Plan halten, weil wir doch mal in ein Restaurant gehen, eingeladen sind, ein bisschen zu viel gekocht haben und die Reste essen, oder die Kinder spontan bei Oma und Opa sind: Diese Sicherheit, einen Plan zu haben und im Falle der Fälle auch darauf zurückgreifen zu können, weil die Zutaten schon im Haus sind, macht die Organisation rund um das Thema Kochen und Einkaufen unglaublich leicht und unbeschwert.

Die Tricks fürs Wäschewaschen – So sparst du Nerven und Zeit

Diese Tricks aus meinem Alltag möchte ich dir an die Hand geben, damit du nicht zu viel Zeit mit der Wäsche verlierst:

- Wir haben unterschiedliche Wäschekörbe, je nachdem mit wie viel Grad die Wäsche gewaschen wird. Nach diesem System wird dann gewaschen, wenn eine Waschtrommelladung voll ist.

- Ich trenne in bunte, weiße und pflegeleichte Wäsche. Ich kontrolliere nur mehr beim Beladen der Waschmaschine, ob sich nicht etwas Falsches dazwischengeschummelt hat.

- Socken clipsen wir vor dem Waschen mit sogenannten Sockenclips zusammen. So muss ich die Socken der gleichen Farbe, aber unterschiedlicher Größe nicht nach jeder Wäsche mühsam zusammensuchen. Inzwischen sind meine Kinder auch groß genug, um selbst ihre Socken zu clipsen. Jedes Familienmitglied hat seine eigene Clips-Farbe.

- Nach dem Waschen hänge ich die Wäsche bereits nach Personen sortiert auf.

- Außerdem hänge ich die gleiche Kleidungsart nebeneinander auf. Also zum Beispiel alle T-Shirts zu den T-Shirts, alle Unterhosen zu den Unterhosen, jeweils nach Person geordnet, der sie gehören.

- Später falte ich die trockene Wäsche dann nach Kleidungsart und Person in einen Korb und kann danach ruckzuck alles stapelweise in den richtigen Kleiderschrank legen.

Sorry for the mess, we live here! – Wie sich Gäste und Gastgeberin wohlfühlen

Wir sind Eltern und wir wissen daher alle, wovon ich spreche, wenn ich sage, in einer Familie mit Kindern ist es immer unaufgeräumt. Spielsachen im ganzen Haus verteilt, Klamotten überall, nur nicht dort, wo wir sie gerne hätten. Das nennt man Unordnung. Aber wer hat denn jemals festgelegt, wie es „wirklich" sein muss. (Fällt inzwischen schon der Groschen bei dir?) Außer dass man bei Ordnung vermeintlich alles leichter findet und das Ordnen einem daher die Zeit des Suchens spart, weiß ich nicht, ob das wirklich sein „muss". Was ist objektiv richtig? Ist es nur richtig, weil „man das so macht"? Stirbt man, wenn man es nicht macht? Als Kind fand ich NIE etwas, wenn meine Mutter mein Zimmer aufgeräumt hatte. Warum erleichtert es dann angeblich die Suche? Ich frage mich daher heute als Mutter, wenn es sehr unordentlich ist und es Zeit zum Aufräumen wäre, wie sehr es mich stört. Also wirklich stört in meinem Leben. Oder ist das alles nur ein Gedanke und eine Vorstellung in meinem Kopf, weil es aufgeräumt sein SOLLTE? Allein die Antworten, die ich mir selbst gebe, sorgen für innere Entspannung.

Früher stresste es mich jedoch extrem, wenn sich unerwartet Besuch ankündigte und ich noch schnell alles putzen „musste". Ganz ehrlich: Ob der Boden glänzt oder nicht, wen interessiert das? Wie oft hast du denn schon bei anderen Leuten einen Fleck am Boden gesehen? Das ist ein bisschen wie die eigene Cellulite in einem überfüllten Schwimmbad. Die siehst du, aber sonst kein Mensch! Wir glauben nur, alle anderen würden das sehen (und dann schlecht über uns reden). Aber das denken wir nur. Und ich glaube, jeder denkt das, guckt sich aber die anderen gar nicht an! Dazu sind wir viel zu sehr mit uns selbst beschäftigt.

„Sorry for the mess, we live here!" – ein sehr treffender Spruch. Bei uns spielen Kinder und es ist nicht immer alles clean. Es gibt Dinge, die werden verwendet und sind nicht nur schön zum Ansehen. Komm einfach mal mit den Augen eines Gastes bei dir zuhause an. Glaubst du, er würde die Hände wegen eines Flecks oder herumliegenden Spielzeugs über dem Kopf zusammenschlagen? Oder fühlt man sich sogar eher wohl und denkt sich: „Ach, wie bei uns!"

Viele unserer Generation haben diese Gedankenmuster verinnerlicht, weil wir so erzogen worden sind. Alles muss schön und adrett sein, denn was denken sonst die Leute. Ja, was denken denn die Leute? Gar nichts! Daher entspanne dich bitte!

Wenn du des Nachts nicht auf herumliegende Spielsachen, Legosteine und Co. treten möchtest, dann kannst du ganz einfach Boxen und Kisten verwenden, in welche deine Kids ihre Spielsachen nach dem Spielen wieder hineinräumen. Das ist natürlich bei einem Zweijährigen anders als bei einem Achtjährigen. Aber wenn du früh und spielerisch damit anfängst, deinen Kindern das Aufräumen beizubringen, dann funktioniert das irgendwann ganz automatisch. Oder immer öfter.

Bevor du dich aber grün und blau ärgerst, weil deine Kinder nach der zehnten Aufforderung noch nicht aufgeräumt haben, vergiss lieber den Ärger. Wie immer ist dein Mindset in solchen Situationen der Gamechanger. Was ist für MICH jetzt wirklich wichtig? Aufräumen, oder Füße hoch und kurz durchatmen?

Auf einen Blick

Das bisschen Haushalt ist tatsächlich kein Problem, wenn wir es gut organisieren und darin auch eine positive Betätigung sehen. Warum nicht gleich als Achtsamkeitsübung oder Gemeinschaftsaktion? Wenn ich meine Gedanken dazu ändern kann, ändert sich auch meine Energie und Laune. Ebenso, wenn mir andere die Arbeit abnehmen: Füße hoch und genießen!

12. KAPITEL

ENTSPANNUNG IN DER FREIZEIT – HOBBIES, FREUNDE UND CO.

Die taxifahrende Zeitmanagerin – Organisation ist das halbe Leben

Die meisten Kids machen nicht nur Unordnung, sondern brauchen auch Taxifahrer zu ihren Hobbies, und so stemmen wir Mamas meist nicht nur den Haushalt, sondern auch den Freizeitalltag der Kinder. Das Management der Termine der Kids, inklusive der Fahrdienste, wird – genauso wie der Haushalt – von anderen belächelt und nicht als „Leistung" angesehen. Meine beiden Jungs haben sich viele Hobbies ausgesucht und so war ich, als sie noch kleiner waren, häufig unter Strom, beide immer rechtzeitig überall hinzubringen. Inzwischen planen wir aber als Eltern gemeinsam alle Familienaktivitäten.

Am einfachsten ist es, einen elektronischen Familienkalender anzulegen, damit auch jeder die Termine unterwegs abrufen kann. In diesen Familienkalender tragen wir alle Termine ein, die mich, meinen Mann, aber natürlich auch unsere Kinder betreffen. Je nach Alter der Kinder haben sie inzwischen bereits selbst ein Smartphone.

Entspanntes Zeitmanagement heißt für mich inzwischen auch, mir Puffer einzubauen, um nicht mehr gestresst von einem Termin zum nächsten zu hetzen. Außerdem sind Puffer wichtig, da im Leben ab und an auch unvorhergesehene Themen dazwischenkommen. Stell dir vor, wie schön es ist, wenn deine Kinder nach dem Fußballtraining noch ein bisschen bleiben wollen, weil es so viel Spaß gemacht hat, und du nicht einer exakt vorgegebenen Taktung folgen musst, sondern dich ganz entspannt irgendwo hinsetzen und deinen Kids noch ein bisschen Zeit geben kannst.

Abschließend möchte ich dir auch gerne noch den Tipp geben, die Zeit, die du im „Mama-Taxi" verbringst, zu nutzen, um laut mit deinen Kindern zu singen oder dich auf ganz altmodische Art und Weise mit ihnen zu unterhalten. Ich erfuhr so manche Episode aus der Schule oder Gedanken, die sie beschäftigten, auf einer solchen Autofahrt, weil sie dort in Plauderlaune kamen und mir Dinge erzählten, die ich sonst vielleicht nie erfahren hätte.

Wenn du alleine unterwegs bist, nutze die Zeit, um zu entspannen, schöne Musik zu hören oder einfach mal mit dir alleine zu sein. Dein Geist braucht Momente für sich. Aber wir haben keine Zeit, um sie uns aus den Rippen zu schneiden. Nimm dir jeden Tag ein paar Minuten ganz bewusst nur für dich!

Die Hobbies der Kinder, nicht deine! – Leichtigkeit für das Leben deiner Kinder

Überlege dir, wenn du Aktivitäten mit deinen Kindern oder für deine Kinder planst, wie viel sich davon wirklich machen lässt, damit du am Ende nicht gestresst von einem Freizeittermin zum nächsten fahren musst. Natürlich ist es immer hilfreich, wenn du Großeltern, eine Leih-Oma oder auch befreundete Eltern hast, mit denen du dich abwechseln kannst.

Beim Auswählen der Aktivitäten stell dir bitte die folgende Frage: Wer will denn diese Aktivität? Bist das du oder ist das dein Kind? Natürlich kannst du entscheiden, ob der richtige Zeitpunkt dafür gekommen ist oder nicht. Mein Sohn wollte mit vier Jahren schon Geige spielen. Mir war das zu früh. Ich wollte, dass er zuerst in die Schule kommt. Und als er dann in der Schule war, fragte er mich sofort wieder, ob er denn jetzt Geige lernen dürfe. Da war für mich klar, dass mein Kind sich wirklich für dieses Hobby entschieden hatte. Was soll man da noch dagegen einwenden? Heute denke ich übrigens, dass ich es ihm wohl doch gleich hätte erlauben sollen und nicht in seinem Sinne gehandelt hatte. Wir machen alle Fehler. Schwamm drüber. Er spielt immer noch gern.

Gib deinen Kindern die Chance, in unterschiedliche Hobbies hineinzuschnuppern. Vielleicht kommen sie drauf, dass ihnen das Hobby doch nicht gefällt. Das ist ganz normal. Versuche nur nicht, deinen Kindern ein Hobby „aufzuzwingen“, das vielleicht dein eigener Kindheitstraum war. Natürlich kann es sein, dass

Kinder sich von der Leidenschaft ihrer Eltern zu einem gewissen Thema anstecken lassen, aber es kann auch umgekehrt sein. Die Hobbies deines Kindes müssen nicht dir Freude machen, sondern deinem Kind. Glaub mir, Geige stand wegen meiner empfindlichen Ohren definitiv nicht auf der Liste. Dagegen in Widerstand zu gehen, führt nur zu Stress und schlechter Laune. Nicht nur bei deinem Kind, sondern auch bei dir. Und glaub jetzt bitte nicht, er würde sein Instrument regelmäßig üben! Die Standpauke des Lehrers muss er sich anhören, nicht ich. Neuerdings bat er mich, ihn ans Üben zu erinnern. Na, wer hätte das gedacht?

Ein Strauß guter Freunde – Umgib dich mit Menschen, die dir guttun!

Zum Familienleben gehört meines Erachtens auch ein Strauß guter Freunde, denn sie beeinflussen unser Leben positiv.

1. Die Freunde deiner Kinder

Dein Kind sagt: „Kann der Maxi heute zu uns kommen? Wir möchten so gerne gemeinsam spielen!“ Gibt es an diesem Tag keine Verpflichtungen wie einen Arzttermin, dann nimm diesen Vorschlag auf jeden Fall an! Natürlich musst du dich noch mit Maxis Eltern abstimmen, aber grundsätzlich ist es ein Geschenk für dich, die Freunde deiner Kinder bei dir zuhause zu haben. Denn sie schenken dir Zeit. Du kannst dich hinsetzen, ein Buch lesen und musst dich einfach mal um nichts kümmern. Selbst wenn dein Kind noch so klein ist, dass du dabeibleiben musst, bist nicht du diejenige, die mit den Legosteinen baut, sondern es sind die Kinder. Das heißt, du bist nicht aktiv am Spielprozess beteiligt, sondern bist „nur“ Beobachter. Auch das kannst du zu deiner Entspannung nutzen.

2. Deine Freunde

Du hast sicher schon beobachtet, dass deine Kinder im Lauf der Jahre wechselnde, aber trotzdem richtig schöne Freundschaften hatten. Bei Kindern sehen wir das als ganz normal an. Von der Kinderkrippe über die Grundschule bis hin zur weiteren Ausbildung – einige Freunde bleiben und andere wechseln. Freundschaften leben sich auseinander. Das ist der Lauf des Lebens. Warum nehmen wir das bei unseren Kindern als so natürlich hin und bei uns Erwachsenen bereitet es uns so viel Kopfzerbrechen, wenn Freundschaften auseinandergehen? Wenn dir eine vermeintliche Freundschaft nicht guttut, weil du zum Beispiel merkst, dass du viel Zeit und Energie in die Aufrechterhaltung investierst, das Gegenüber dir aber stets ein ungutes Gefühl vermittelt, weil es dich kritisiert oder negativ reagiert, dann überlege dir, warum du dich noch daran klammerst. Umgib dich lieber mit Menschen, die dir guttun, die dich verstehen und notfalls unterstützen! Wahre Freunde bleiben auch, wenn man sich nicht ständig sieht. Das lernen wir Eltern ganz besonders. Wenn man sich nach langer Zeit dann wiedersieht, ist es gleich so wie früher.

Auf einen Blick

Ob Autofahrten für oder mit den Kindern, nutze sie für dich oder wunderbare Gespräche ohne Ablenkung. Hobbies und gute Freude sollte man hegen und pflegen. Sie bereichern unser Leben im positiven Sinne. Was uns nicht guttut, dürfen wir hingegen getrost aussortieren.

13. KAPITEL

GROSSELTERN – ELTERN – KINDER: WE ARE FAMILY!

Die Kehrseite des roten Tuchs – Mit etwas Abstand wird klar: Großeltern meinen es nur gut

Großeltern wollen, dass es ihren Enkelkindern gut geht. Sie geben gut gemeinte Ratschläge und versuchen deine Kinder liebevoll zu begleiten. Für dich ist das möglicherweise ein rotes Tuch. Sie mischen sich ein und bei dir sorgt es für großen Unmut, denn du willst es eigentlich anders machen.

Du hast vielleicht sogar das Gefühl, dass die vorige Generation Kinder nicht gut erzogen hat. Wenn du dich aber auf das Positive fokussierst, wird dir mit etwas Abstand und dem Blick auf den Lebensrucksack (aus Kapitel 3) klar werden, dass es die Großeltern grundsätzlich nicht böse meinen. Ja, es kann übergriffig ankommen und sich wie eine Einmischung anfühlen. Aber was hilft es dir, dich nur darauf zu fokussieren? Denke dabei wieder an das Emotions-Coaching. Jedes Gefühl ist erlaubt, aber nicht jedes Verhalten. Versuche dir auch hier wieder die positiven Seiten vor Augen zu führen. Wo ist der versteckte Gewinn?

Alles in unserem Leben hat seinen Sinn. Wir haben uns das Leben, so wie wir es leben, ausgesucht. Die Realität des Heute ist das Ergebnis aller vorherigen Entscheidungen. Daher wundere ich mich, wenn Partner sich über die Schwiegereltern ärgern und frage nach, ob sie sich diese nicht mit der Heirat oder mit der Familiengründung selbst (mit-)ausgesucht haben. Viel zu schnell sind wir im Vergleichen oder Verurteilen. Erkenne die positiven Seiten! Egal aus welchem Lager die Großeltern kommen, sie meinen es mit ihren Ratschlägen gut. Du musst die Ratschläge nicht annehmen, aber geh nicht in Konfrontation, sondern freue dich einfach, dass deine Kinder noch Großeltern haben, die auch Interesse an ihnen haben (= versteckter Gewinn).

Großeltern sind außerdem eine wunderbare Hilfe für arbeitende Eltern. Früher waren mehrere Generationen unter einem Dach. Wir haben alle schon gehört, wie wichtig es ist, dass Kinder mit verschiedenen Generationen groß werden. Wie sagte mein Schwiegervater einmal so schön, im Opasein vollende sich erst sein Vatersein. Da könne er zurückschauen und ohne Erziehungsauftrag beobachten, was er seinem Sohn fürs Leben mitgegeben hat und wie dieser es nun wiederum weitergibt. Ganz gerührt war ich von dieser Aussage und bin schon gespannt, wie es sich anfühlt, selbst mal Großmutter zu sein. Wenn ich es werde. Wer weiß.

Die Milde der Großeltern, das Verwöhnen, das Begleiten der Kinder, die Liebe und das Wohlwollen – ohne Erziehungspflicht – tut den Kindern gut. Diese uneingeschränkte Aufmerksamkeit, wie sie häufig nur Großeltern schenken können, weil sie nicht mehr im Berufsleben stehen oder nicht mehr mit der gleichen Wichtigkeit, ist so wertvoll.

Auch wenn sie auf altmodische Art und Weise Themen lösen (die wir heute anders lösen würden oder wollen) oder Aussagen treffen, die uns nicht so ganz gefallen – die Liebe zu unseren Kindern, ihren Enkeln, beeinträchtigt das keinesfalls. Großeltern sind außerdem die besten Babysitter, wenn Papa und Mama mal alleine ausgehen wollen.

Vor einigen Jahren war ich bei einer Physiotherapeutin. Sie hatte einen kleinen Sohn und beschwerte sich während meiner Behandlung über ihre Schwiegermutter. Sie regte sich auf, dass die Schwiegermutter am Vorabend, als sie als Babysitter auf das Enkelkind aufpasste und es zu Bett brachte, die Windel nicht gut genug geschlossen hätte. Meine Physiotherapeutin fand ihr Kind am nächsten Morgen mit ausgelaufener Windel im Bettchen vor. Okay. Blöd. Aber, na und? Das ist mir auch schon mal passiert. Und manchmal ist es auch einfach passiert, weil meine Jungs zu viel getrunken hatten. Aber hier lag der Fall anders. Die beiden Frauen hatten kein gutes Verhältnis. Was mich auch nicht wunderte, so wie sie über ihre Schwiegermutter sprach. Wie beim Huhn und dem Ei weiß man als Außenstehender natürlich nie, was zuerst dagewesen ist, das schlechte Verhältnis zueinander oder wie man über die Person denkt und spricht. Ich weiß, ich wiederhole mich, aber nach dem Gesetz der Anziehung wird dieser Kreislauf auch nie mehr anhalten, wenn man nicht aktiv etwas ändert, sprich umdenkt. War es nicht ein Segen, dass sie auf das Enkelkind aufpasste, dass sie mit ihrem Mann einen schönen Abend haben konnte? Wie viele Großeltern wohnen viel zu weit weg, um zum Babysitten vorbeikommen zu können. Oder sind dazu nicht mehr in der Lage. Oder leben nicht mehr. Ein Grund für Dankbarkeit und Freude statt Ärger.

Liste der Dankbarkeit – Wie du in Schieflage geratene Beziehungen wieder ins Gleichgewicht bringst

Eine wunderbare Übung, um in Schieflage geratene Beziehungen (natürlich nicht nur mit Großeltern) wieder ins Gleichgewicht zu bringen, ist folgende:

Suche ein Foto der Person, um die es geht. Überlege dir dann zehn Dinge, für die du dieser Person dankbar bist. Es gibt immer Gründe, dankbar zu sein, und es geht bei der Übung nicht darum, zehn supergroße Themen zu finden. Schreibe sie alle auf einen Zettel oder tippe sie in dein Handy. Nimm im nächsten Schritt das Foto zu Hand und schau die Person an. Falls auf dem Foto auch andere Personen zu sehen sind, decke sie am besten mit den Händen ab oder zoome die Person ganz nah. Schau die Person an und bedanke dich bei ihr, indem du jeden der zehn Gründe nennst:

Liebe/r …
Ich bin dir so dankbar für …
Vielen Dank, dass du …
Danke dafür, dass du …

Fühle die Dankbarkeit, während du leise oder nur in Gedanken deinen Dank zum Ausdruck bringst. Abschließend kannst du, ähnlich wie wir es bei den Entspannungsübungen mit den Kindern gemacht haben, Liebe schicken. In Gedanken. Bedanke dich am Ende der Übung auch bei dir selbst, Liebe und Dank geschickt zu haben.

Dankbarkeit ist ein mächtiges Tool, das auch mir immer wieder dabei hilft umzudenken, denn Dank ist immer eine positive Emotion. Indem wir sie mit einer Person verknüpfen, verbinden wir automatisch das positive Gefühl mit dieser Person.

Kurzer Test gegen Ende des Buches – Was hättest du geraten?

Eine Teilnehmerin in einem meiner Gruppenprogramme berichtete davon, dass ihre Schwiegereltern sich immer einmischten und sie sogar dafür schimpften, dass sie sich immer sehr fürsorglich um ihren Sohn kümmerte, wenn dieser sich wehgetan hatte. Sie streichelte ihn und nahm ihn in den Arm. Die Schwiegereltern hingegen fanden, dass sie einen zu großen Aufstand mache, das Kind verweichliche, sie mache aus einer Mücke einen Elefanten und würde das Kind ja regelrecht darauf trimmen, jedes Mal zu weinen, wenn es sich wehtue. Sie solle es selbst aufstehen lassen und sich nicht drum kümmern, dann lerne es auch, dass es nicht so schlimm sei. Kurzum, sie verhätschle das Kind. Sie war völlig anderer Meinung, wollte ihrem Kind Geborgenheit und Sicherheit vermitteln und sich in dieser Sache nicht von den Schwiegereltern reinreden lassen. Langsam wurde es sogar Thema zwischen ihrem Ehemann und ihr, da der Vater des Kindes der Meinung seiner Eltern war.

Kurzer Test am baldigen Ende des Buches: Was vermutest du, habe ich ihr geraten? Wo kann man hier umdenken? Wo findest du Kehrseiten der Medaille? Ich lade dich ein, das Buch kurz zu schließen und wegzulegen, um dir Notizen zu machen. Wie analysierst du mit deinem bisherigen Wissen die Situation?

Na, zu welchem Ergebnis bist du gekommen?

Die Großeltern wollten mit der Einmischung grundsätzlich nur etwas Gutes bezwecken, in ihren Augen sollte eine Verweichlichung vermieden werden. Sie waren der Meinung, es sei besser für das Kind. Es ging also nicht gegen die Mutter, auch wenn es sich für sie so anfühlte, sondern für das Enkelkind. Im nächsten Schritt versuchte ich, mich in die Großeltern hineinzuversetzen. Mit meinem Wissen über die Kriegsgeneration wurde mir klar, warum die Großeltern diese Verweichlichung für etwas Schädliches hielten, etwas das man lieber vermeiden sollte. Ich lud daher alle Teilnehmerinnen ein, sich vor dem inneren Auge die Kleinkindzeit der Großeltern vorzustellen. Was sahen sie?

Zerstörte Häuser, vermisste Familienmitglieder, Not, Hunger, vielleicht auch Verletzungen. Ich selbst fragte meinen Schwiegervater einmal, was seine Erinnerungen an diese Zeit seien und er sagte mir, er habe keine. Ich bohrte vorsichtig nach, hatte ich doch gerade das bereits erwähnte Buch über die Kriegsgeneration gelesen. Dann erzählte er mir, dass er sich erinnere, vor dem Haus gespielt zu haben, als die Mutter plötzlich alle hereinrief. Sie schafften es alle gerade noch rechtzeitig in den Keller, danach war die Haustür, vor der er gespielt hatte, mehrere Meter im Inneren des Hauses. Ich kann mir nicht vorstellen, wie das für ein Kind gewesen sein muss. Aber wenn ich es versuche, verstehe ich manches viel besser. So erging es auch der Teilnehmerin und den anderen. So hätten sie die Sache noch nie betrachtet und jetzt sei ihnen einiges klar. Kleine Schrammen nach einem Fahrradsturz sind im Vergleich dazu natürlich Kleinigkeiten. Aber unsere Kinder leben zum Glück heute. Und im Rahmen der liebevollen Bindung ist es egal, wie groß oder klein der Schmerz im Verhältnis zu einer anderen Situation ist, die aktuell nicht existiert. Ich bin der festen Überzeugung, Kinder können nicht genug Zuwendung und Geborgenheit vermittelt bekommen. Die Teilnehmerin, die die Frage gestellt hatte, konnte sich jetzt aber gut mit der Situation zufriedengeben, da sie erkennen konnte, dass ihre Fürsorge für ihr Kind höchstwahrscheinlich etwas war, was den Schwiegereltern bei kleinen Wehwehchen fremd war. Sie konnte nun auch mit ihrem Mann darüber sprechen, der sie danach besser verstand.

Jeder Mensch handelt aus seiner besten Option – Mach dir das Leben so leicht wie möglich!

An dieser Stelle möchte ich dir nochmals die Übung mit dem Lebensrucksack in Erinnerung rufen. Ich bin der festen Überzeugung, dass jeder Mensch immer aus seiner besten Option heraus handelt. Aus der Option, die er mit seinem Lebensrucksack für die beste hält. Vielleicht ist es auch die beste oder er kennt mangels eigener Erfahrung eben nur diese. So wie unsere Kinder uns nicht ärgern wollen, wenn sie ein Verhalten an den Tag legen, das uns missfällt, wollen es die Großeltern auch nicht. Sie handeln aus ihrer besten Option heraus. Und doch kommt es uns übergriffig vor. Halten wir uns vor Augen, dass das, was wir als Einmischung empfinden, etwas Positives ist. Denn sie zeigt, sie haben ein echtes Interesse. Es ist ihnen wichtig. Sonst würden sie gar nichts sagen und es wäre ihnen egal.

Jeder handelt nach seinem besten Wissen und Gewissen. Es wäre traurig für die Kinder, wenn sie keinen Kontakt zu ihren liebevollen Großeltern hätten, nur weil man anderer Meinung in wenigen Punkten ist. Ein afrikanischer Spruch sagt: „Es braucht ein ganzes Dorf, um ein Kind großzuziehen." Das ganze Dorf ist in Afrika die Großfamilie. Da wir in unserer heutigen Zivilisation nicht mehr alle unter einem Dach leben, ist es in meinen Augen umso wichtiger, dass ein gutes Verhältnis zu den Großeltern besteht.

In einem meiner Coachings thematisierte eine Teilnehmerin ihr Verhältnis zu ihrer Schwiegermutter. Sie beschwerte sich, dass die Schwiegermutter immer nur mit ihrer Tochter und deren Kindern tolle Ausflüge mache, aber nie mit ihrem Sohn. Gemeinsam hinterfragten wir, woran das liegen könne. Ich fragte auch, woher sie denn überhaupt wisse, dass die Großmutter lieber Ausflüge mit den Kindern ihrer Tochter mache. Hatte sie jemals nachgefragt? Nein, hatte sie nicht. Es stellte sich alles als ein großes Missverständnis heraus, die Schwiegermutter hatte den Eindruck gewonnen, sie, meine Teilnehmerin, wolle ihr den Sohn, ihren Enkel, nicht mitgeben. Am Ende waren alle happy, denn auch die Schwiegermutter litt unter der Situation. Da kann man mal sehen, wie schwer wir uns das Leben gerade im Hinblick auf Familienbeziehungen machen. Wir denken in unserem Stübchen hin und her, ärgern uns, sprechen es aber nie an. Aus Angst. Aus Angst wovor? Genau, Angst ist kein guter Ratgeber. Was soll schon passieren, wenn man etwas offen anspricht. Ohne Vorwurf. Nur beschreibend, wie man aus eigener Sicht etwas erlebt. Es könnte ja, wie im obigen Fall, alles gut ausgehen.

Auf einen Blick

Kinder brauchen ein ganzes Dorf, um groß zu werden. Schauen wir daher lieber wohlwollend auf den Lebensrucksack der Großeltern, falls wir uns dabei ertappen, ihre Teilnahme als Einmischung zu interpretieren. Wenn sie die Enkel lieben, können wir sicherlich gut damit klarkommen.

14. KAPITEL

ENTSPANNT DURCH DIE SCHULE

Der Kampf gegen Windmühlen – Oder: Was ist das Beste für dein Kind?

Für viele Eltern ist das ein Paradoxon – Schule und Entspannung. Wie soll das zusammengehören? Schule ist ein ewiger Kampf. Entweder mit dem Kind oder mit den Lehrern, zum Teil sogar auch mit den Mitschülern.

Auf das Thema Mitschüler möchte ich in diesem Kapitel bewusst nicht eingehen. Ich berichtete bereits von Situationen von Hänseleien, heute würde man von Mobbing sprechen. Ich weiß, dass manche Fälle von Mobbing damit natürlich nicht zu vergleichen sind, gleichwohl weiß ich aus der Begleitung von Eltern, deren Kinder von Mobbing betroffen waren, dass sie mit der Kraft der positiven Gedanken sowohl selbst umdenken als auch ihrem Kind helfen konnten, neue Lösungswege und Gedanken für sich zu finden. Gestärkte und seelisch ausgeglichene Kinder, wie wir sie uns wünschen (in Kapitel 6 habe ich bereits Wege aufgezeigt, wie wir Eltern das unterstützen können), können mit solchen Nickligkeiten, die unter Kindern normal sind, besser umgehen. Insbesondere, wenn das Elternhaus ihnen den Raum bietet, sich drüber auszutauschen, die eigenen Gedanken zu sortieren, wenn die Eltern die Emotionen coachen und dabei helfen, die Welt auch durch die Brille des anderen zu sehen. Selbstbewusste Kinder, die sich ihrer Persönlichkeit mit allen positiven, noch nicht optimalen Seiten und Schwächen bewusst sind, haben bereits einen guten Panzer, nicht langfristig Opfer anderer zu sein.

Kommen wir also zum üblichen Frustthema vieler Eltern – den schulischen Leistungen. Leider sind schulischer Erfolg und ein gewisser Lebensstandard im weiteren Leben eng miteinander verknüpft. Sicherlich hat das mit den wirtschaftlich betrachtet höheren Gehältern der Akademiker zu tun, allerdings können diese aufgrund der deutlich längeren Ausbildung erst später Geld verdienen. Im Vergleich zu einem klassischen Ausbildungsberuf, in dem man bereits ab dem ersten Tag eine – wenn auch geringe – Ausbildungsvergütung erhält, verdienen Studenten mit dem Studium keinen Cent. Ich habe selbst studiert und bis das zweite Staatsexamen bestanden war, war ich bereits 25 Jahre alt und ohne einschlägige Arbeitserfahrung. Studentenjobs hatte ich immer. Das fehlende Gehalt dieser sieben Jahre (wenn wir für das Rechenbeispiel von einem Ausbildungsbeginn mit 18 Jahren ausgehen, zum Teil aber natürlich schon früher) berücksichtigen wir in der Betrachtung meistens nicht.

Dass unsere Eltern, die meistens miterlebten, wie Deutschland nach dem Krieg wieder aufgebaut wurde, ihren Kindern keinen körperlich anstrengenden Beruf wünschten, kann ich gut verstehen. Wie messen wir aber Anstrengung? Bisher anscheinend nur körperlich. Inzwischen sind die negativen Auswirkungen eines „bequemen Schreibtischjobs“ eine Volkskrankheit. Von den psychischen Belastungen mal ganz abgesehen. Ich verstehe alle Eltern, die nur das Beste für ihr Kind wollen und sich daher sorgen, wenn die Noten keine erfolgreiche Karriere versprechen.

Wollen wir hier mal gemeinsam umdenken? Was bedeutet Erfolg? Was bedeutet eine erfolgreiche Karriere? Ist das wirklich das Beste, was wir unseren Kindern wünschen? Ich frage ja nur. Und ich weiß, ich mache mich bei vielen Eltern unbeliebt, wenn ich sage, dass ein gestresster Managerposten nicht unser elterliches Zielbild für unsere Kinder sein kann. Oder? Wie bemessen wir das Glück unserer Kinder? In Noten? In beruflichen Aussichtschancen? Als Personalleiterin weiß ich, der Arbeitsmarkt ist hart umkämpft, nicht der Kampf um die Arbeitsplätze, wohlgemerkt. Manche sprechen sogar vom „War for talents“ (dem Kampf der Arbeitgeber um die besten Köpfe). Und jedes Jahr meldet die Industrie- und Handelskammer, dass es zu wenige Jugendliche gibt, die sich für einen Ausbildungs-, oder Handwerksberuf interessieren. Handwerk hat doch goldenen Boden. Seit wann haben wir das alle miteinander vergessen? Ich erinnere mich gut an einen Mitspieler im Fußballverein, in dem mein Mann während des Studiums spielte. Er war Handwerker und lebte als Einziger bereits in einem schicken Einfamilienhaus. Mit Anfang 20! Wir stotterten mit unseren studentischen Nebenjobs gerade mal so die Miete für eine winzige Studentenbude ab und er besaß schon eine Dolby-Surround-Anlage für den Hightech-Fernseher. Seine Auftragsbücher waren voll und er hatte bereits eigene Angestellte. Doch macht das allein glücklich? Das Geld, das Einfamilienhaus? Gerade darauf möchte ich hinaus: Erfolg und Geld sind keine Garanten für Zufriedenheit und persönliches Glück. Davon kann ich selbst ein Lied singen. Und doch habe ich das Gefühl, dass viele Eltern sich automatisch Sorgen machen, wenn es in der Schule nicht gut läuft, denn was soll aus dem Kind mal werden? Gegenfrage: Wie soll es dem Kind denn heute gehen, wenn das Motto lautet „Kindheitserinnerungen sind Wärmflaschen für die Seele“? Wie fühlt sich das Kind, wenn Noten und schulischer Erfolg im Vordergrund stehen und Dreh- und Angelpunkt der Gespräche in der Familie sind? Druck und Streit sind genauso wenig gute Begleiter wie Angst. Kurze Erinnerung zum Thema Angst: Worauf richten wir Eltern gemäß dem Gesetz der Anziehung unsere Energie und Aufmerksamkeit, wenn es um schulischen Erfolg geht? Richtig, die Gleichung wird nicht aufgehen. Wenn ich mir Sorgen mache, bekomme ich nur weitere Situationen geliefert, in denen sich mein Gehirn wieder mit Sorgen und Problemen beschäftigt.

Auch hier hilft es, sich zu vergegenwärtigen, dass die Gesellschaft um uns herum wieder mächtig daran verdient, wenn wir Eltern wie Don Quichotte immer wieder gegen Windmühlen ankämpfen. Jeder Widerstand gegen die Realität, die Wirklichkeit, vor der wir gern unsere Augen verschließen, kostet uns Geld oder Nerven oder beides. So werden Kinder entweder zum teuren Nachhilfeunterricht geschickt, es werden besondere

Zusatzmaterialien besorgt, Lerncoaches engagiert oder die Eltern opfern ihre eigene Zeit und ihre Nerven.

Mama soll's nicht richten – Wie die Arbeit der Kinder rund läuft

Erst vor Kurzem erhielt ich von einer Freundin folgende Nachricht: „Ich komme zurzeit zu nichts. Ich glaube es fast nicht, wie stressig und anstrengend die Realschule ist. Habe neulich mit einer Bekannten gesprochen, Englisch ist im Moment in der Realschule heftiger als im Gymnasium." Sie beklagte sich, jeden Nachmittag mit dem Sohn Hausaufgaben machen zu müssen (Achtung, kennst du inzwischen schon!), weil er sie alleine nicht schaffe. Kurzum, sie komme zu nichts mehr. Sie brauche dringend mal eine Pause, es ginge ihr nicht gut. Sie „verteidigte" sich bei mir mit den Worten, dass ihr Sohn ihre Anwesenheit brauche, um lernen zu können, und es sich auch wünsche. Natürlich, er war ja nichts anderes gewohnt! Wohlgemerkt hatte sie sich, als es um den Übertritt von der Grundschule an die fortführende Schule ging, bewusst für die Realschule entschieden, obwohl ihr Sohn aufs Gymnasium hätte gehen können. Er sollte es nicht so anstrengend haben, das Gymnasium wäre nichts für ihn.

Warum erzähle ich das hier? Wenn du die vielen bisherigen Tipps in diesem Buch verinnerlicht hast, wirst du bereits beim Lesen umgedacht haben. Sie hatte die Sorgen um die Schule mit ihren Gedanken wie ein Magnet angezogen. Das Thema Schule durfte gar nicht „rund laufen“, sonst hätte das Unterbewusstsein gemeldet, dass hier etwas nicht stimmt. Zur Erinnerung: Unser Gehirn sucht immer nach Beweisen, dass unsere Denkmuster richtig sind. Es will uns davor bewahren, uns schlecht zu fühlen, weil wir einen Fehler gemacht haben. Das Ergebnis ist ihm dabei völlig egal. Wie dem nicht des Lesens mächtigen Kopierboy aus Kapitel 4. Dabei können wir doch nur aus Fehlern und eigenen Erfahrungen lernen (Kapitel 6). Was mich auf das Thema Noten zurückkommen lässt. Noten sind ein Status-quo-Bericht, wo das Kind gerade steht, welche Fehler es künftig vermeiden kann und wo es noch etwas lernen kann. Keine Abrechnung, keine Folter.

Meiner Freundin riet ich, sich aktiv mit den vorherrschenden Gedanken auseinanderzusetzen und umzudenken: Wer sagt, dass du die Hausaufgaben machen musst? Provokant sage ich allen Eltern in meiner Beratung, ich selbst habe ja auch keine Hilfe bei meiner Arbeit. Niemand diktiert mir diesen Text. Die Verantwortung gehört auf die Schultern desjenigen, der die Aufgabe zu lösen hat. Schule ist die Arbeit der Kinder. In Deutschland besteht Schulpflicht. Es ist die einzige „Aufgabe“, zu der sie verpflichtet sind. Hier gilt das Wort „müssen“ ausnahmsweise mal, weil es tatsächlich ein Gesetz gibt. Daher stelle ich mir die Frage, warum ich als Mutter, die bereits ihre eigene Schulpflicht absolviert hat, wieder Hausaufgaben machen „muss“. Was lernt mein Kind, wenn ich bei den Hausaufgaben dabei sein muss? Selbstständigkeit und Eigenverantwortung sicherlich nicht. Die Fähigkeit, Dinge zu erledigen und sich dabei zu konzentrieren, auch nicht. Zudem beraube ich mein Kind der Erfahrung (du erinnerst dich noch daran, wie Kinder und Menschen lernen:

aus eigener Erfahrung), warum es wichtig ist, im Unterricht aufzupassen, mitzuschreiben, sich mit Klassenkameraden auszutauschen, wenn mal etwas verpasst wurde. Das Motto „Mama wird's schon richten" hilft bei Schulaufgaben ja auch nichts. Denn da kann Mama nicht daneben sitzen. Mir stellen sich die Nackenhaare auf, wenn ich höre: „Wir haben eine 2 in Deutsch." Oder auch nicht besser: „Weil wir so gut gelernt haben, hat mein Kind sich auf eine 3 verbessert." Wir?

Wie bei allem bisher Gesagten: Auch beim Thema Schule gilt – Start with the end in mind! Wie will ich es haben? Wie soll es sein? Wie soll es sich anfühlen? Was braucht es dazu? Wie kann es gelingen?

Und nicht dass hier ein falscher Eindruck entsteht, selbstverständlich fragen wir unsere Kinder Vokabeln ab, wenn sie sich das wünschen (Vokabeln kann man auch alleine abfragen, indem man Karteikarten schreibt oder die Spalte im Buch abdeckt), oder beantworten Fragen, wenn sie etwas nicht verstanden haben. Aber WIR machen nicht mit ihnen gemeinsam ihre „Arbeit", sondern helfen ihnen, es selbst zu tun, indem wir möglichst wenig unterstützen. Wie wir das bei Maria Montessori bereits kennenlernt haben.

Abschließend noch ein anderer Gedanke zum Thema Noten: Selbstverständlich sind Nachhilfestunden sinnvoll, wenn Kinder zum Beispiel durch Krankheit dem Unterricht länger nicht folgen konnten, um das Verpasste wieder aufzuholen. Anderer Meinung bin ich aber, wenn es um das Vorrücken in die nächste

Klasse oder um die fortführende Schule geht. Wo darf ich als Elternteil umdenken, wenn es das Kind nicht schafft, eigenverantwortlich im Unterricht aufzupassen und die Hausaufgaben selbstständig zu bearbeiten? Wird das Leben in der nächsten Klasse leichter, wenn es das Kind nur durch Nachhilfe schafft? Ich möchte hier absichtlich polarisieren, um uns als Eltern zu fragen, ob es wirklich gut ist, was wir für unser Kind entscheiden, oder ob wir da nicht auch umdenken können. Obwohl es nicht populär ist. Glück ist leider immer noch viel zu unpopulär!

Der Weitblick der Eltern – Warum du dich auf deine Erfahrungen verlassen solltest ... und auf die Kunst des Umdenkens

Im folgenden Beispiel möchte ich die Technik des Umdenkens im schulischen Kontext nochmals durchspielen: Die Tochter einer meiner Kundinnen war „zutiefst" unglücklich, da alle ihre Freudinnen aus der Grundschule auf das Gymnasium im Sprengel gingen und nur sie auf eine andere Schule ging, für die sich die Eltern, ihre besonderen Neigungen und Fähigkeiten berücksichtigend, entschieden hatten. Jeden Morgen gab es Zoff, da sie da nicht hinwollte. Alle seien doof zu ihr und sie hasse die Eltern dafür, diese Schule ausgesucht zu haben. Sie wolle auf die andere Schule wechseln. Da die Mutter bereits von meinem Emotions-Coaching-Ansatz wusste, plagte sie das schlechte Gewissen, gemeinsam mit ihrem Mann über den Kopf der Tochter hinweg den Wechsel auf die andere Schule entschieden zu haben. Sie hätte gleich auf die Meinung und Gefühle ihrer Tochter hören sollen. Überrascht war sie dann, als ich sie bat, erst mal herauszufinden, ob die Tochter nicht umdenken könne. Ich hatte nämlich den Eindruck gewonnen, dass die Eltern alles andere als abwegige Gründe hatten, sich für diese Schule zu entscheiden. Daher wollte ich zunächst herausfinden, ob die Situation nicht umgedacht werden konnte. Also riet ich der Mutter, die Tochter zu bitten, sich folgende Gedanken zu machen: „Was ist dir wichtiger? Mit den Freudinnen in einer Schule zu sein, wobei du nicht wissen kannst, ob ihr auch in der gleichen Klasse landet oder euch nur auf dem Pausenhof treffen könnt, dafür aber Fächer zu haben, die dir nicht liegen? Oder aber deine Freundinnen in der Freizeit zu treffen und im Unterricht Fächer zu haben, die dir liegen? Möchtest du in deiner Klasse lieber Mitschülerinnen haben, die sich für die gleichen Themen begeistern wie du, oder deine Freundinnen, mit denen du gern spielst, die im Unterricht aber nur zuhören können. Denn spielen könnt ihr im Klassenzimmer ja nicht." Außerdem schlug ich vor, gemeinsam eine Liste der positiven Dinge an ihrer Schule zu erstellen und sich für die Freizeit mit den Freundinnen besondere Sachen auszudenken. Das sollte den Blick für die positiven Aspekte schärfen. Ihre Tochter sollte sich auch ihr Leben in acht Jahren vorstellen, wenn sie Abitur machen und über die Studienwahl nachdenken würde. Wie wichtig wären dann die Klassenkameradinnen? Wie viel Kontakt hätten ihre Eltern heute noch mit Grundschulfreunden? Ich hätte nicht zu träumen gewagt, wie diese Sache ausging. Sie fand Zugang zu dem Gedanken, dass es richtig für sie sei, auf genau diese Schule zu gehen, die die Eltern ausgesucht hatten. Sie entschied sich zu Beginn der 6. Klasse sogar dafür, sich als Schülersprecherin aufzustellen und gewann die Wahl, indem sie eine flammende Rede hielt. Ein Mädchen, das noch wenige Monate zuvor diese Schule gehasst hatte und der Meinung gewesen war, nur von Idioten umgeben zu sein.

Nicht immer können wir Eltern uns darauf verlassen, dass die Emotionen des Kindes der „richtige“ Wegweiser für unsere Entscheidungen sind. Wir haben einen größeren Blick über den Horizont, weil wir schon mehr Lebens- und Schulerfahrung haben. Doch jede normale Alltagssituation lädt uns dazu ein, umzudenken und es mit den Kindern zu üben.

Im Bekanntenkreis gibt es einen aufgeweckten, pfiffigen Jungen, der seine Eltern vermeintlich zur Verzweiflung bringen „will“. Er ist frech in der Schule, heckt Streiche aus, legt sich mit Lehrern an und kommt regelmäßig mit Verweisen nach Hause. Michel aus Lönneberga könnte man ihn nennen. Wussten in Astrid Lindgrens Geschichten Michels Eltern keinen Rat, wurde er in den Schuppen geschickt, wo er seine Holzfiguren schnitzte. Als ich mit meiner Bekannten einmal spazieren ging, sagte sie: „Er muss das endlich verstehen, wir sagen es ihm doch zum tausendsten Mal. Er muss sich anpassen, sonst verbaut er sich doch sein ganzes Leben. Ich kann ihn doch nicht in sein Unglück rennen lassen. Als Mutter muss ich ihn doch davor bewahren!“ Es fiel mir nicht leicht, sie zu fragen, woher sie denn wisse, dass das der richtige Weg sei? Und wo denn stehe, dass sie das so machen müsse. Ich war mir sicher, dass dieses Kind sich langweilte und in der Schule unterfordert war. Ein liebes und sehr herzliches Kind mit viel Phantasie. So wie auch Michel. Er kommt auf so tolle Ideen, weil alles andere zu langweilig ist. Da hilft kein Schimpfen, keine tausend Worte und auch kein Verweis. Wohl aber, sich als Eltern damit auseinanderzusetzen, ob das wirklich der richtige Weg ist. Immerhin gehen sie diesen Weg des auf ihn Einredens nun schon seit ein paar Jahren. Ich weiß, dass das vielen Eltern unglaublich schwerfällt. Aber ich ermuntere alle, die sich in einer ähnlichen Situation befinden, darin eine Chance zu erkennen, auch hier wieder umzudenken. Denn schien bisher alles ausweglos, bedeutet dies eine weitere Option zu haben, die funktionieren könnte. Zumindest ist es doch einen Versuch wert. Am Ende unseres Spaziergangs nahm sie sich vor, bewusst einen Monat nicht zu schimpfen. Das würde auch ihre eigene nervliche Anspannung reduzieren. Als ich zur Fertigstellung des Buches nachgefragte, wie es denn mit dem Probemonat gelaufen sei, antwortete mir meine Bekannte, es sei ihr zum Alltag geworden, grundsätzlich dem Positiven mehr Raum zu geben, sich weniger zu sorgen und dem Sohnemann mehr zu vertrauen. Sich selbst auch als Eltern mehr zu vertrauen, die besten Experten ihres Kindes zu sein. Es falle ihr zwar noch schwer, gestand sie mir gegenüber offen, aber es werde jeden Tag besser und sie habe die Vorzüge des positiven Denkens bereits verinnerlicht.

Der Lebensrucksack der Lehrer – Wie man in den Wald hineinruft, so schallt es heraus

Im Zusammenhang mit der Schule ist in manchen Familien das Thema Lehrer ein Dauerbrenner. Ähnlich wie beim Umgang mit anderen Menschen in unserem Leben, den Chefs, den Kollegen, den Familienangehörigen und so weiter, können wir auch in Bezug auf Lehrer die Kunst des Umdenkens üben. So wie wir auch unseren Kindern bei einem Geschwisterstreit helfen, sich in den anderen hineinzuversetzen, lohnt es sich, die Welt mit ihren Augen zu sehen. Ganz ehrlich, es gibt tolle Lehrer und weniger tolle. Wie bei allem im Leben: Gauß'sch Verteilung. Na und? Lehrer kann man sich nicht aussuchen und je früher Kinder das lernen, umso besser für sie, auch später im beruflichen Kontext. Lehrer stecken auch in einem Korsett aus Erlerntem, Bildungsplänen, Schulbüchern und einer zu großen Schüleranzahl im Klassenzimmer. Sie können nicht auf alle eingehen und jeder Besonderheit Rechnung tragen. Auch hier gilt der gute alte Spruch: „So wie man in den Wald hineinruft, schallt es heraus." Denken wir um und sind dankbar für die Erfahrung, gemeinsam mit den Kindern das Umdenken zu üben und ihnen vorleben zu können, wie wir positiv mit Menschen umgehen, die keine Begeisterungstürme in uns auslösen – formuliere ich mal vorsichtig. Wer weiß, welcher Lebensrucksack vor der Klasse steht. Steht es uns zu, darüber zu urteilen? Es geht uns nichts an und meistens haben die Kinder auch irgendwann wieder andere Lehrer. Üben wir uns lieber in Dankbarkeit, dass es überhaupt Schulen gibt und viele Eltern dank des Schulsystems arbeiten können, da die Kinder je nach Schulform und Einrichtung vormittags und zum Teil auch nachmittags betreut sind. Gleiches rate ich auch Eltern, die sich über das Schulsystem als solches ärgern. Nicht ärgern, umdenken! In wie vielen Ländern ist Analphabetismus groß, können sich Eltern gar keine Schule leisten, müssen die Kinder schon von klein auf mithelfen und arbeiten, dürfen Mädchen gar nicht zur Schule gehen! Auch wenn in einer idealen Welt die hiesigen Schulen noch einiges verbessern können, bin ich dennoch dankbar, dass es sie gibt. Und bis Achtsamkeit und Empathie hoffentlich auch hierzulande ein Schulfach werden, sind eben wir in diesen Bereichen die Lehrer unserer Kinder. Das „muss“ ja nicht die Schule übernehmen.

Ich wünsche meinen Kindern, dass sie die Schulzeit mit glücklichen Erinnerungen verbinden, mit dem Meistern von Tälern, mit schönen Freundschaften und einer entspannten Zeit, an die sie gerne zurückdenken. Welchen Beruf auch immer sie später wählen möchten, meine Antwort wird lauten: „Wenn es dich glücklich macht, macht es mich auch glücklich!“

Schule in Zeiten einer Pandemie – Und die wichtigste Frage: Wie ist die emotionale Situation meines Kindes?

Die Themen Corona, Homeschooling und Distance Learning erhitzen nun schon seit einer Weile die Gemüter. Eltern beschweren sich, dass der Leistungsabfall so groß sei, dass das Schulpensum nicht geschafft werde, dass man dem Stoff hinterherhinke.

Ob man diese Lücken jemals werde schließen können? Die Kinder würden gar nichts mehr lernen, weil die Lehrer unmotiviert seien. Auch Experten sagen einen riesigen volkswirtschaftliche Schaden vorher.

Meine Großeltern erlebten den Ersten Weltkrieg als Schulkinder. Sie waren beide viele Jahre überhaupt nicht in die Schule gegangen. Schulgebäude waren zerbombt, Städte waren fluchtartig verlassen worden. Meine Großmutter wuchs in Ostpreußen auf und musste mit ihrer Familie fliehen. Weder auf der Flucht noch in den Jahren danach gab es Schulen oder Lehrer. Und doch waren meine Großeltern ganz blitzgescheite Erwachsene. Mein Großvater wurde Ingenieur.

Es ist vollkommen nachvollziehbar, dass wir uns Sorgen um unsere Kinder machen, dass sie nicht genug lernen. Auf der anderen Seite ist aber die seelische Gesundheit doch eigentlich das Wichtigste. Mir hilft dieser Vergleich, um zu relativieren. Wie wichtig ist eine Note in einer Latein-Schulaufgabe, oder ob der Stoff in Heimat- und Sachkunde komplett durchgenommen wurde? Ist es wichtig, dass die Entwicklung der Kaulquappe in der 3. Klasse nicht thematisiert wurde und dass das Latein-Buch der 6. Klasse auch zu Beginn der 7. noch Teil des Unterrichts ist? Ganz ehrlich, was ich fürs Abitur gelernt habe, davon weiß ich heute das allermeiste nicht mehr. Auch aus dem Studium weiß ich heute ganz vieles nicht mehr. Ich glaube, je mehr Druck wir den Kindern im Zusammenhang mit der jetzigen Situation machen, umso weniger erkennen wir die emotionale Situation, in der sie stecken. Was ist denn wirklich wichtig? Ich habe zum

Beispiel im ersten Lockdown mitbekommen, dass eines meiner Kinder große Konzentrationsschwierigkeiten hatte. Bringt es jetzt irgendetwas, sich darüber aufzuregen? Es gar zu schimpfen? Stattdessen habe ich versucht zu analysieren, woran es liegt. Es war nicht schwer draufzukommen. Ich rede von einem Grundschulkind in der zweiten Klasse. Da wurden Arbeitsblätter über ein Portal geschickt. Und dann sollte das Kind diese Aufgaben ausfüllen. Gähnend langweilig. Null Wissensvermittlung, hundertmal das gleiche Blatt ausdrucken und ausfüllen. Da hätten wir doch auch keine Lust dazu. Also entschied ich mich, mal Fünfe gerade sein zu lassen, da sich auch mir der Sinn nicht erschloss. Will man das Kind mit (sinnloser) Disziplin quälen, dass es das jetzt machen muss? (Du kennst ja schon meine Vorliebe für das Wort „müssen".) Ich entschied mich so: „Also mein Schatz, entweder wir machen das heute Abend gemeinsam, wenn die Mami auch Zeit hat, oder erst am Wochenende. Und wenn du gar nicht magst, dann musst du diese hundert Blätter nicht machen!" Mein Sohn guckte mich entgeistert an: „Ehrlich Mami, ich muss das nicht machen?" „Nein, mein Schatz, das ist Blödsinn, musst du nicht. Entweder du erklärst es deiner Lehrerin selbst oder ich komme dazu, wenn du das möchtest!" Schwupps, war mein Kind wieder hellwach und vollauf motiviert, die Aufgaben sofort alle zu erledigen. Es reichte ihm, die Wahl zu haben und zu wissen, dass ich hinter ihm stehe.

Apropos Motivation: Ich möchte meine Kinder (auch in außerschulischen Themen) nicht mit Anreizen wie Lob, Belohnung in Form von Süßigkeiten „überreden", sondern appelliere lieber an ihre intrinsische Motivation. Wenn sie ihre „Arbeit" nicht machen wollen, weil es ihnen widerstrebt, müssen sie lernen, die Konsequenzen ihres Verhaltens zu tragen. Als mein Älterer einmal für sich entschied, etwas nicht zu machen, überredete ich ihn nicht, sondern wies ihn nur darauf hin, dass er sich dann bitte nicht bei mir beschweren solle, wenn die Lehrerin ihn rügt. Hier ging es nicht um sinnlose Arbeitsblätter.

Falls es beim Thema Schule Anlass zum Umdenken gibt, stelle dir folgende Fragen:

- Wie wichtig ist es, wenn mein Kind nicht mehr so gerne mitmacht in der Schule?

- Wem ist das wichtig, mir oder dem Kind?

- Wie viel Verständnis kann ich dem Kind entgegenbringen? Welche Optionen gibt es noch?

Frage mich, dann erzähle ich! – Über den Tag deines Kindes mehr erfahren und in den Dialog kommen

Folgende Fragen habe ich mir überlegt, um auch nach einem Schultag mehr über den unbekannten Teil des Tages meines Kindes zu erfahren und in den Dialog zu kommen. Wie geht es meinem Kind, was bewegt es, wie läuft es? Was sind denn die Sorgen und Nöte der Kinder? Auf das klassische „Na, wie war es in der Schule?“ wüsste ich auch nur „Gut“ oder „Okay“ zu antworten. Danach bin ich aber genauso schlau wie zuvor.

1. Wie viele Punkte gibst du dem Tag auf einer Skala von 0 – 10 (total doof – mega gut)
2. An welchen Moment erinnerst du dich gerade am liebsten/ besten?
3. Wie hat sich der Tag für dich angefühlt?
   Wenn er eine Farbe hätte, welche wäre das und warum?
4. Worüber hast du heute gelacht?
5. Mit wem hast du die meiste Zeit verbracht und womit?
6. Wer hatte heute die tollste Pausenmahlzeit dabei?
   Was war drin?
7. Was war das Spannendste, das du heute gelernt hast?
   Erklärst du es mir?
8. Hat dich heute etwas traurig gemacht?
   Konntest du damit umgehen?
9. Ging es einem deiner Freunde heute nicht gut?
10. Womit hattest du selbst heute Schwierigkeiten?

11. Was würdest du gern besser können, weil es noch nicht so gut klappt?
12. Gibt es ein Kind, mit dem du gern befreundet wärest, es aber noch nicht bist?
13. Hat dich heute jemand geärgert? Wer war es und was hat dich geärgert?
14. Hast du heute jemandem geholfen? Wobei oder warum?
15. Hat dir heute jemand geholfen oder hättest du dir Hilfe gewünscht?
16. Wenn du Direktor der Schule wärst, was würdest du als Erstes ändern wollen?
17. Was würdest du in der Schule auf keinen Fall ändern wollen?
18. Was glaubst du hat deine/n Lehrer/in heute am meisten gefreut?
19. Gab es etwas, worüber dein/e Lehrer/in vielleicht nicht so glücklich war?
20. Was war das netteste Wort, das dir heute jemand gesagt hat?
21. Was war das netteste Wort, das du heute jemandem gesagt hast?

Auf einen Blick

Egal ob es um das leidige Thema Hausaufgaben, Ärger mit Gleichaltrigen, Probleme in der Schule oder Befindlichkeiten gegenüber einer Lehrkraft geht, wir können stets umdenken. Uns Eltern hilft es, uns daran zu erinnern, dass wir selbst nicht wieder zur Schule gehen müssen. Die Schulkinder von heute können wir aber optimal begleiten, indem wir ihre Neigungen, Vorlieben und Emotionen unterstützen und ihnen dabei helfen, diesen Ausdruck zu verleihen. Oft ist es für uns wie auch für die Kinder hilfreich, die Situation aus einem anderen Blickwinkel zu betrachten. Und manchmal müssen wir uns sogar selbst eine Schimpfdiät verschreiben, denn sie tut uns allen gut.

SCHLUSSWORT

Jetzt sind wir schon am Ende des Buches angekommen. Mein Traum ist tatsächlich wahr geworden: Ich habe dieses Buch geschrieben, und du, liebe Leserin, hast es bis zum Schluss gelesen. Ich könnte weinen vor Glück. Ich konnte dir beim Lesen zwar nicht über die Schulter gucken, aber während des Schreibens war ich in Gedanken immer bei dir. Der Gedanke daran, dass du bis hierher drangeblieben bist, macht mich glücklich, und es bedeutet mir unglaublich viel. Denn was wäre mein Buch ohne Leserin? Ich danke dir von Herzen, dass du dich mit meinen Tipps, Ideen und Strategien auseinandergesetzt hast. Ich habe sie für dich aufgeschrieben. Danke, dass du bereit warst, in meine Gedankenwelt einzutauchen und somit Neues kennenzulernen. Bereit, selbst etwas zu ändern, den ersten Schritt zu gehen. Damit bist du Teil meiner Vision von mehr glücklichen Mamas und ihren Familien. Ich lade dich dazu ein, Botschafterin dieser Mission zu sein. Erzähle gern deinen Freundinnen davon! Ich glaube fest daran, dass glückliche Mamas von heute einen direkten Einfluss auf eine bessere Welt von morgen haben. Du bist der Anfang davon!

Ich würde mich sehr freuen, wenn du deine eigenen Erkenntnisse mit mir teilst. Folge mir entweder auf Instagram @happyandfamily und schicke mir eine private Nachricht, oder schreibe mir eine E-Mail an info@happyandfamily.com. Ich wüsste zu gern, wie dir das Buch gefallen hat.

Vielleicht fragst du dich jetzt zum Schluss, wie es nach der Lektüre dieses Buches weitergeht? Vielleicht lässt du das Buch auf deinem Nachtkästchen liegen, blätterst ab und an darin und lässt dich erneut inspirieren. Oder es steht als Nachschlagewerk in deinem Bücherschrank und du schlägst zu aktuellen Themen nach. Vielleicht möchtest du die Übungen auch alle nochmal in Ruhe Schritt für Schritt durchgehen. Hierfür findest du am Ende des Buches eine schöne Übersicht aller Übungen.

Wenn du dich täglich in mehr Achtsamkeit, Dankbarkeit und im Umdenken üben möchtest, nutze dazu gern mein „5-Minuten Tagebuch für mehr Energie und Leichtigkeit im Mama Alltag". Als Bonus zu diesem Buch schenke ich dir das PDF unter www.happyandfamily.com/download-zu-buch. Du kannst es dir ausdrucken und jede Woche aufs Neue ausfüllen. Die original Print-Version begleitet dich 13 Wochen.

Für den Fall, dass du dich für mein „Happy and Family"-Online-Programm interessierst und gern gemeinsam mit gleichgesinnten Mamas Schritt für Schritt mehr Freude, Energie und Gelassenheit in alle Lebensbereiche integrieren möchtest, setze dich auf www.happyandfamily.com ganz unverbindlich auf die Warteliste. Du erfährst dann als Erste, wann die nächste Runde startet.

Ich wünsche dir von ganzem Herzen, dass du die glückliche Mama wirst, die in jeder von uns steckt! Und wenn es mal nicht so gut klappt, dann erinnere dich gern: Wenn mir das gelungen ist, gelingt es dir erst recht!

Machen wir Glück endlich populär! Jede für sich, für ihre Kinder, ihre Familie und für eine bessere Welt von morgen.

Alles Liebe

Deine Giulia

ALLE ÜBUNGEN IM ÜBERBLICK

DANKE

Zunächst möchte ich dem Universum danken, dass es mir ermöglicht hat, die in diesem Buch genannten Erkenntnisse zu gewinnen.

Allen voran danke ich meinen Kindern, die mich zur Mama gemacht haben und für deren gesunde Entwicklung mir keine Mühe zu groß ist. Danke, dass ich eure Mama sein darf! Ohne euch gäbe es dieses Buch nicht.

Danke meinem Schatz, ohne den nichts von allem möglich wäre. Danke, dass es dich gibt und du immer an meiner Seite stehst.

Ich danke all den wunderbaren Frauen in meinen Kursen und Programmen, die mir vertraut haben, ihnen einen neuen Weg aufzuzeigen, und die ihre wunderbaren Learnings mit mir geteilt haben.

Ganz besonders möchte ich meinen lieben Freundinnen, Birgit und Nadine, danken. Die vielen Gespräche haben mich ermuntert, meine Gedanken noch verständlicher zu formulieren und mir immer wieder neue Übungen einfallen zu lassen.

Danken möchte ich auch Katja, die mich mit ihrem Feedback zu diesem Buch zu Tränen gerührt hat und mir so die Gewissheit gegeben hat, mit meiner Vision auf dem richtigen Weg zu sein.

Danken möchte ich an dieser Stelle auch Rebekka, meinem Schreibcoach. Ohne ihre besondere Art, mich ins Schreiben zu bringen, hätte ich mich vermutlich nie hingesetzt, um endlich damit anzufangen. Ich danke dir!

Ich danke auch Nathalie, meiner wunderbaren Lektorin. Sie hat diesem Buch nicht nur einen professionellen Feinschliff gegeben, sondern auch stets daran geglaubt. Wie auch Anke, Fabian und Jens, die schon daran glaubten, bevor ich angefangen habe. Ich danke euch von Herzen.

Ganz besonders danke ich dir, liebe Leserin, dass du das Buch bis zum Ende gelesen hast, dass du den Weg mit mir gegangen bist, mir über die Schulter geschaut hast, dich darauf eingelassen hast und Seite für Seite etwas für dich mitgenommen hast. Ich danke dir, dass du dadurch die Welt ein Stückchen besser machst und freue mich, wenn du die „Happy and Family"-Art zu leben mit in die Welt hinausträgst.

Last, but not least danke ich dem Unternehmen, das mich damals zu der für mich lebensverändernden Veranstaltung eingeladen hat. Inzwischen bin ich mir sicher, dass es ohne meine Vision alles, was danach passierte, nie gegeben hätte. Inklusive Zusammenbruch.

Alles musste so kommen, wie es gekommen ist. Dafür bin ich jeden Tag von Neuem dankbar.

Happy End.

LITERATUR

Sabine Bode, Die vergessene Generation, Klett-Cotta, 2014.

Sabine Bode, Die Kriegsenkel, Klett-Cotta, 2013.

Charles Darwin, The origin of species, The Natural History Museum, 2019.

Rainer Werner Fassbinder, Angst essen Seele auf, Filmverlag der Autoren, 1974.

Susanne Garsoffky und Britta Sembach, Die Vereinbarkeitslüge, Pantheon, 2014.

Astrid Lindgren, Immer dieser Michel, Oetinger, 2021.

Das 5-Minuten Tagebuch

Für mehr Energie und Leichtigkeit im Mama Alltag

Das fröhlich illustrierte Tagebuch richtet sich an Frauen zwischen Familie und Beruf, die sich in kurzer Zeit bessere Nerven und mehr Kraft für den Familienalltag wünschen. Es regt mit täglichen und wöchentlichen Reflexionsfragen dazu an, sich wieder mehr den Dingen zu widmen, die im Leben wirklich wichtig sind. Im Einleitungsteil sind über QR-Codes kostenlose Video-Anleitungen zu ergänzenden Übungen enthalten.

Das 5-Minuten Tagebuch vereint in farbenfrohem Design folgende Aspekte:

- Achtsamkeit
- Dankbarkeit
- Positive Psychologie
- Erkenntnisse aus der Neurobiologie

200 Seiten, erschienen am 22.06.2022 und illustriert von Anke Rega

Erhältlich ist es in den Formaten Taschenbuch oder Hardcover, jeweils Farbdruck.

Website: https://www.happyandfamily.com/mama-tagebuch

Happy and Family

Printed in Poland
by Amazon Fulfillment
Poland Sp. z o.o., Wrocław

33566966R00167